世界名人非常之路

富兰克林

从战争领袖到电学奠基人

杨永金◎编著

Ｓ 中国社会出版社

国家一级出版社·全国百佳图书出版单位

"世界名人非常之路" 编委会

主　　任：刘明山

编　　委：周红英　王汉卿　高立来　李正蕊　刘亚伟　张雪娇

　　　　　方士娟　刘亚超　张鑫蕊　李　勇　唐　容　蒲永平

　　　　　冯化太　李　奎　李广阔　张兰芳　高永立　潘玉峰

　　　　　王晓蕾　李丽红　邢建华　何水明　田成章　李正平

　　　　　刘干才　熊　伟　余海文　张德荣　付思明　杨永金

　　　　　向平才　赵喜臣　张广伟　袁占才　许兴胜　许　杰

　　　　　谢登华　衡孝芬　李建学　贺欣欣　刘玉磊　王莲凤

　　　　　刘振宇　张自粉　苗晋平　卓德兴　徐文平　王翠玉

写在前面的话

童年时代的夏夜，我和小伙伴们时常躺在家乡的草坪上，仰望着美丽的星空，偶尔还能看见流星划过，那时的欢呼与过后的惊诧至今仍历历在目。冬天的早晨，我们则常常流连于冰雪覆盖的小路，经常因堆雪人和打屋檐的冰凌锥而忘记了上学。当然，春天和秋天对于孩子们来说，更是大自然赐予最慷慨、最丰厚的时候。无论是春花的烂漫还是秋果的诱人，至今都是我心中最温暖的回忆。

随着年岁的增长，许许多多扑朔迷离的自然现象，构成了一个又一个神秘莫测的奥秘。自然界的事物不再只是心头美丽的驻足，而是慢慢地变成了诸多诱使我去探索的动力。幸好，学校的数、理、化、生物等课程给了我一些答案。但是，课本的知识毕竟十分有限，而阅读课外书籍给了我巨大的帮助。

在成长过程中，随着知识的增加，我的好奇心也越来越强，迫切地想要了解那些发明创造的过程和那些奇思妙想的主人。是谁捡到了那只证明了万有引力的苹果？是谁让漆黑的夜晚亮如白昼？是谁开启了工业时代的大门？又是谁让人类迎来了飞天的奇迹？是他们，站在科技前沿的科学家们，带着诸多疑问，不断地对我们生存的空间进行研究，渴求破译这充满超自然现象的世界。是他们一步步带领着我们进入科技时代。

茫茫宇宙中是否还存在其他智慧生物？如何科学地解释人体与自然的离奇现象？他们用不断探索的精神引领我们认知世界，辨别真伪。我们为他们的创造精神而感动，为他们的科研成果而骄傲，更为他们对人类的贡献表示由衷的感谢！

写在前面的话

被逼"退学"的发明大王爱迪生，中国现代数学之父华罗庚，带给人类动力的发明家瓦特，太空探索的先驱者布劳恩，实验科学研究的先驱伽利略，为人类插上翅膀的莱特兄弟，放射性元素之母居里夫人……我们将这些科学家的故事汇集起来，编撰成册，希望能让读者朋友们全面了解他们的一生和那些与他们无法分离的伟大事迹，使大家从中有所收获。

就让我们一同走近这些科学家，了解他们发明创造背后的故事，让他们的成长历程启示我们；让他们的挫折坎坷激励我们；让他们的灵感火花指引我们，让我们站在巨人的肩膀上，走向更高的目标，实现更伟大的理想！

"世界名人非常之路"大型系列丛书之"科学家成长之路"篇，就是这样一套专门拓展中学生科学视野，提高科学素养的图书。让我们沉醉于神奇、瑰丽的大千世界之中，感受科技的强大，伟人的魅力，从而启迪智慧，丰富想象，激发创造，培养青少年热爱科学、献身科学的决心，以及热爱人类、保护环境的爱心。

丛书紧密结合当前中学教材中涉及的历史名人，以及物理、化学、生物、地理、天文、材料、医学、能源、环境、航空航天等多方面的科学知识。在这里，科学家的成功不再神秘，愿科学家的成长之路能够成为你开启成功之门的金钥匙。

年轻的朋友们，让知识为你们的梦想插上科学的翅膀吧！

富兰克林

人 物 简 介

❧ 生卒与经历 ❧

本杰明·富兰克林（Benjamin Franklin，1706～1790），1706 年 1 月 17 日出生在美国波士顿。

年轻的富兰克林喜爱读书，但是窘迫的家境使富兰克林无法继续接受教育，12 岁时他开始跟随父亲学习制造蜡烛，然后又跟随哥哥詹姆斯学习印刷。

1723 年 10 月，作为学徒的富兰克林由于不满哥哥的严格管理，逃离了波士顿。不久，富兰克林又阴差阳错到了英国。20 岁时，富兰克林返回美国费城。

1730 年，富兰克林和另一名学徒一起创办了自己的印刷厂，出版费城第一份报纸《宾夕法尼亚报》，大获成功。富兰克林终于成了真正的企业家。

1730 年 9 月 1 日，富兰克林与朵布蕾·德里结婚，婚后生有两个孩子。

1752 年 7 月，富兰克林做了一个吸引雷电的风筝实验，轰动了全世界。正当他在科学研究上不断取得新成果的时候，由于英国殖民者的残暴统治，北美殖民地的民族解放运动日益高涨。富兰克林毅然放下了实验仪器，积极地站在了斗争的最前列。

1776 年，已经 70 岁高龄的富兰克林又远涉重洋出使法国，赢得了法国和欧洲人民对北美独立战争的支援。

1787 年，他积极参加了制定美国宪法的工作，并组织了反对奴役黑人的运动。

1790 年 4 月 17 日 23 时，富兰克林逝世。

富兰克林

本杰明·富兰克林是美国历史上第一位享有国际声誉的科学家和发明家。

为了对电进行探索，他曾经做过著名的"风筝实验"；为了深入探讨电运动的规律，他创造的许多专用名词如正电、负电、导电体、电池、充电、放电等，成为世界通用的词汇。

富兰克林借用数学上正负的概念，第一个科学地用正电、负电表示电荷性质，并提出了电荷不能创生、也不能消灭的思想，后人在此基础上发现了电荷守恒定律。

富兰克林最先提出了避雷针的设想，由此而制造的避雷针，避免了雷击灾难，破除了人们的迷信思想。

富兰克林也是一位优秀的政治家，是美国独立战争的老战士。他参加起草了《独立宣言》和美国宪法，积极主张废除奴隶制度，深受美国人民的崇敬。

地位与影响

由于1928年以后每张百元美钞上都印有本杰明·富兰克林的肖像，再加上美元身为世界主要流通货币的重要性，导致本杰明·富兰克林的形象广为世界各地不少人所熟悉。

美国总统乔治·华盛顿这样评价他："因为善行而受景仰，因为才华而获崇拜，因为爱国而受尊敬，因为仁慈而得到爱戴，这一切将唤起人们对你的亲切爱戴。你可以得到最大的欣慰，就是知道自己没有虚度一生。"

目录

富兰克林

富兰克林

出身贫穷

让你的不满成为你的秘密——如果让世人知道了，他们会

看不起你，而且会增加你的不满。

—— 富兰克林

出身英国移民家庭

1717 年，正是西方资本主义兴起的时期，地处西方的各个国家都在向资本主义时代大步迈进。这时的北美洲，还是欧洲列强特别是号称日不落帝国——英国——的殖民地。

随着这些殖民地经济的快速发展，他们与宗主国之间的矛盾和冲突也越来越突出，越来越尖锐。

就在这年盛夏的一天，一艘装满货物的荷兰三桅帆船，慢慢地驶向北美洲。

就在帆船快到北美的重要城市波士顿的时候，天气突然骤变。只见阴风怒号，海面上顿时波涛汹涌，白浪冲天。

帆船在大海中颠簸着破浪前行，船员们个个都紧张地注视着前方的海面。

忽然，一个红发荷兰水手指着船的右前方喊道：

"伙计们，快看啊！"

大家不知道要看什么，都不由自主顺着红发水手的手指方向看去，只见一艘小木船在汹涌的波涛里来回摆动。

小木船就像一片漂浮在海面上的落叶，随时都有被海水吞没的危险，而且水手们发现，船上隐约可见有几个孩子正在挥手，他们是在求救吗？

船长下令，立即进行紧急救援。

于是，帆船立即改变了航向，顶着风浪向小船驶去。仅仅一盏茶的工夫，小木船就清晰可见了。

不过让大家颇为意外的是，他们看见小船上竟然真的连一个大人也没有，只有四五个十多岁的赤膊男孩。同时更让大家意外的是，这些孩子们，看来一个个精神抖擞，笑逐颜开，丝毫没有求救的意思，刚才他们只是在向大船上的人打招呼罢了。

船头站着一个孩子，个头不是很高，皮肤黝黑发亮，小脸胖乎乎的。他正大声喊着口令，指挥着小伙伴们齐心协力划桨。

看到这个情景，那个红发荷兰水手不禁笑了，不过他还是挺担心这些孩子的。

虽然离岸边不远了，但这毕竟是一条小船，在这样大的风浪里，万一出事了可怎么办呢。

"孩子们，现在太危险了，请上大船上来吧！"红发荷兰水手用英语大声喊道。

"谢谢你啦，没关系的，我们能行，请你们自己当心吧！"

波涛中传来了小水手们快活的回音。

随着巨浪一排排地涌起，只听见小船长喊了一声：

"加油！"

狂风仍然席卷着漫天的乌云，大海仍然不住地咆哮着。

忽然，海水像小山一样迎头压了下来，孩子们却没有丝毫的恐怖。他们浑身上下洋溢着勇敢与快乐的激情。

大帆船上的人都为此而惊叹不已。

人们有的担心，有的赞扬，还有的挥手向孩子们致意。

那位红发荷兰水手竟然打赌说，船头上那位胖胖的小指挥者，将来一定会成为世界上最优秀的船长。

这个胖胖的小指挥者，名叫本杰明·富兰克林，他是富兰克林家族的后代。

"富兰克林"这个姓氏，原是英国十四五世纪非贵族的小土地所有者或自由农阶层的名称。

富兰克林家族生息繁衍在英格兰诺桑普敦郡的爱科逊教区，保有

30 亩土地的自由领地，另以打铁为副业。

有籍可考的一代长子汤麦斯出生于 1598 年。他继承了富兰克林家在爱科逊的祖宅，也继承了铁匠这一营生。

汤麦斯在晚年将祖业交给自己的大儿子，而他自己则在二儿子那里度过了晚年时光。

小汤麦斯是老汤麦斯四子中的长子，虽然身为铁匠，但天资聪颖。

他在本教区的大绅士帕莫先生的鼓励下，努力求学上进，获得了当书记官的资格，成为地方上有名望的人。

从镇上到郡中，小汤麦斯发起过许多公益事业，在教区中受到哈利法克斯勋爵的赏识和赞助。

老汤麦斯的二儿子约翰是牛津郡班布雷村的一名呢绒染匠。三儿子叫本杰明，四儿子叫佐赛亚。

本杰明在伦敦学染丝绸，佐赛亚则跟二哥约翰当过学徒。四个弟兄中，本杰明和佐赛亚感情特别亲密。

佐赛亚信奉非国教，结婚比较早。1682 年佐赛亚带着妻子和三个孩子从英国漂洋过海，来到北美洲的新英格兰。

佐赛亚之所以要迁居到遥远的北美洲，有几方面的原因。

一方面，当时出现了欧洲人到美洲淘金的热潮，许多人到那里发了大财。这对于一些留在本地的人来说，是一种精神刺激，他们也都想能够获得巨大的财富。

另外，还有一个最主要的原因，那就是宗教问题。传统宗教在西方人的生活中，占据着很重要的地位。

但是，宗教也在随着人们生活的改变而改变，发展而发展。所以后代总是与前辈的宗教思想产生冲突。

佐赛亚是一个非国教徒，这在保守的英格兰是不被承认的，如果继续留在英国，就会有生命的危险。

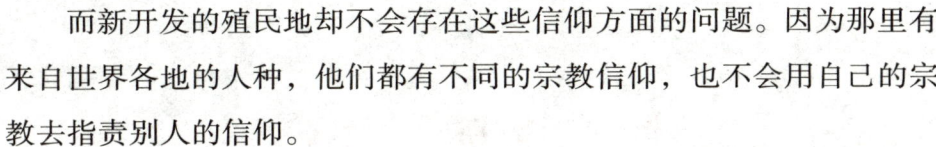

而新开发的殖民地却不会存在这些信仰方面的问题。因为那里有来自世界各地的人种，他们都有不同的宗教信仰，也不会用自己的宗教去指责别人的信仰。

北美洲在当时许多传统保守国家的人眼中，就是自由和财富的象征。正是在这样的情况下，佐赛亚一家踏上横渡大西洋的轮船，来到了新英格兰的波士顿城。

波士顿是北美洲的重要城市，它是马萨诸塞州的首府。在波士顿，妻子又给佐赛亚生了四个孩子。后来，妻子去世了，佐赛亚又娶了阿拜雅·富格尔为继室。

1706 年 1 月 17 日，是个值得纪念的日子。这一天，享誉世界、流芳百世的伟人本杰明·富兰克林降临了人间。

阿拜雅·富格尔给佐赛亚又生了十个子女，本杰明·富兰克林就是这十个子女中的一个。富兰克林也是佐赛亚最小的儿子，他排行第十五，下面还有两个妹妹。

终于走进了学校

因为子女众多，佐赛亚一家在美洲的生活过得并不适意，勉强能糊口而已。所以上学对于他们的孩子来说，显得有一些奢侈，因为上学是要缴纳费用的，而且还不能为家里带来收入。

眼看着富兰克林也到了上学的年龄，家里人也为他上学的事情在想办法。富兰克林在家里排行最小，所以较多地得到了哥哥姐姐的喜爱。不过他从小就和自己的哥哥们脾气不同。

富兰克林的哥哥们大都不喜欢读书，而小富兰克林则格外喜欢读书，而且还喜欢写字。与自己的哥哥们相比，富兰克林具有非常强的记忆能力。最主要的是，他能够集中自己的注意力，做好许多需要耐心才能够做好的事情，而他的哥哥们却很少有这样的耐心。

富兰克林有一个爱好，不仅喜欢听故事，还喜欢讲故事。他经常把从书上看到的内容讲给别人听，大凡是读过的书都不会忘掉的。

从小富兰克林的好奇心特别强，而且能够长时间地进行关注。他对各种事物都特别感兴趣，无论是动物、植物，还是雪、月、星辰等方面的内容，他都兴致勃勃地去认识和观察。

而他的哥哥们，在这方面没有他那样的天赋，他们往往除了经商做买卖外，对什么都不感兴趣。

父亲佐赛亚是一个诚恳和善的人，而且多才多艺。很多社会名人常常请他商议公事，邻里友人遇到困难或发生纠纷，也爱找他帮助调解，这些都给了富兰克林积极的影响。

父亲非常好客，而且还认为客人们的谈话，不但可以开阔孩子们的视野，还会对孩子们有一定的教育价值。因此，父亲和客人们谈话

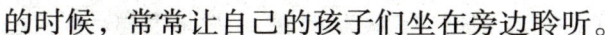

的时候，常常让自己的孩子们坐在旁边聆听。

事实正是这样，客人们不断的交流，对他的孩子的确产生了影响。因为不同的人，往往具有不同的思想，这些思想的交流往往会引起富兰克林的思考。

有一天，佐赛亚又在家里请客，客人中大部分都是商人，或是一些小手工业者。

有一个商人说："一个人要想得到别人的尊重，首先要学会做人，做一个诚实守信的老实人。"

"一个人起初做的是小生意，但是通过自己的努力奋斗，一点点地积攒，最终有一天会大富的。"另一个人说。

为了让别人更明白，这个人还打了个比方，他说："如果你用一把小斧头去砍一棵足有一米直径的树，只要你坚持不懈地去砍，总有一天会把那棵大树砍倒的。"

"这些事情也就是说，不论做什么事都要有耐心，有毅力去做，最终才会成功的。如果被眼前的困难吓得缩回去，一天到晚只知道吃和睡，到老就什么也干不成了。"富兰克林的父亲总结式地说。

接下来又有一个人说道："兄弟们将来要想有钱的话，必须从现在做起，每天都不能浪费掉一个铜子，把它们积攒起来，将来会是一笔很大的财富。"

"还有时间的问题，对于时间更要抓紧，珍惜分分秒秒，并且要始终坚持锻炼身体，保持充沛的精力，将来才能去做自己想做的事。"一个人接着说。

客人们各抒己见，富兰克林听得特别认真。客人们走后，他还在心中回想着客人们的谈话。每当客人们进行这样的交流的时候，小富兰克林就听得格外专心。听得多了，他慢慢也有了自己的一些看法。

甚至有时候，富兰克林还会就客人们的话题发表自己的见解，从小就表现出了他敏锐的思维。父亲也很偏爱自己这个最小的儿子，每当看到他认真读书的样子时，心中总在默默地想："家里再没有钱，也要让这个孩子去读书才好啊！"

可是，富兰克林家里实在太穷了，家里的孩子又实在太多，所以小富兰克林到了该上学的年龄，还没有进入学校。正当富兰克林的父母为小富兰克林上学的事情发愁的时候，一个机会来了。

一天，富兰克林家的门口出现了一辆漂亮马车，他们一家人以为只是路过的，也没有在意。可是马车就在他们的家门口停下了，看来是有事情。所以，佐赛亚慌忙出门迎接。从车上走下了镇议事委员会的先生们。

佐赛亚把这些议事委员会的先生们请进了自己的家里，然后端出茶水。

"富兰克林先生，我们有事要跟你商量一下！"几位议事委员会的委员在客厅刚刚坐下，就对佐赛亚说。

"有什么事情请讲！"佐赛亚说。

"我们是受本镇总督的委托，专门调查本镇学童的入学情况，以督促家长们送孩子上学。"

佐赛亚回答道："这件事我已经听说了。"

一位议事委员又接着说道："按照最新颁布的法律规定，镇上的适龄儿童一定都要到学校去接受教育。如果不能遵守，将受到应有的处罚。"

佐赛亚听后很是吃惊，正在屋子里纺布的妻子听了他们的话后，更是被吓得不知所措。

"富兰克林先生，你们家孩子的情况如何，请给我们简单介绍一下吧！"

"我们家有三个孩子正在私塾上学。小儿子本杰明今年刚刚8岁，因为我的经济条件有限，还没让他上学。"

"我的情况你们也是知道的，家里人太多，每天的收入也就刚好够一家人的生活啊！"父亲叹息道。

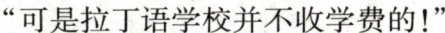

"可是拉丁语学校并不收学费的!"

"但是，还是要交书费的啊!"

"书费是没有多少钱的。"

"但对于我来说，它却是一个不小的数字啊!"

议事委员们听了佐赛亚的话，一时间不知道该说些什么。他们的心情都很沉重，是啊，贫穷让许多孩子上不起学，他们该怎么办呢?他们并不是不想上学，而是没有上学的基本条件。这时一个议事委员说:"富兰克林先生，听说你的小儿子本杰明已经会读《圣经》了。"

"是的，已经读得很熟练了。"

"他才刚刚8岁吧?"

"是的。"

"他真是个了不起的孩子啊，将来他一定会是个有出息的人啊。真为你高兴!"一个议事委员说。

"可我却不能为他提供最基本的机会啊!"佐赛亚叹息着说。

"那我们帮你想想办法吧!"一个议事委员说。

"那可真是感激不尽。"佐赛亚满面笑容地说。

议事委员们商量了一会儿，然后其中一个说道:"富兰克林先生，我们决定把教堂守夜人用的蜡烛交给你来做，这样的话你不就可以让孩子上学了吗?"

佐赛亚听后高兴地说:"那太感谢你们了。我一定会把儿子送入学校的。"

既然一切都已经商量妥当，这些议事委员们也起身要告辞了。这时小富兰克林的母亲也走出来，陪着自己的丈夫送走了这些客人。

当佐赛亚和妻子再回到屋里的时候，他们都非常高兴。佐赛亚说:"终于可以让儿子上学了!"

富兰克林·出身贫穷

为朋友勇于担当

第二天，8岁的小富兰克林就开始去一所公立的拉丁语学校读书了，富兰克林真是高兴极了！

也许是遗传的原因，小富兰克林从小就勤学上进，聪颖机灵，学的东西几乎是过目不忘，他也因此深受学校老师和同学的喜爱。

富兰克林在学校里读书还不到一年，就从一年级的中等生跃为全年级的尖子生，并以优异的成绩提前升入了二年级。

这种情形得到佐赛亚朋友们的纷纷称赞，他们说这个孩子将来一定会成为大学者，一定会有出息。

这时，佐赛亚的三哥也来到了波士顿。他看到自己的侄儿这么聪明，也认为他的未来一定是非常光明的，甚至认为他的未来是不可限量的。

富兰克林就读的学校虽然只是一所非常普通的学校，但是要求却非常严格。

这个学校对学生的学习抓得非常紧，平时放假很少。一年中除了复活节和圣诞节这两个必须放的假期之外，就没有别的假日了，就更别说是暑假和寒假了。

在这样的学校上学，学习生活必定是十分紧张的。

学生们每天上课的时间，冬季是八小时，夏季是六小时。教师们对学生们的要求也极为严格，学生们如果功课做不好的话，就会受到老师严厉的处罚。

当时学校教学所采用的课本，都是用古罗马的拉丁文字写成的。而且课程也并不像现在这样细分为几大科目，如语文、数学、绘画、

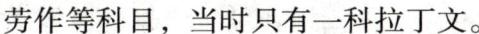
劳作等科目，当时只有一科拉丁文。

老师们授课的规律通常是这样：上午上拉丁文课，中午复习上礼拜所讲授过的内容，并作释疑；下午再继续教授新的内容。

教师们当时只是要求学生把文章读熟、背熟，对于文章各章句的意义并不给予详细解释。聪明的富兰克林当时总是能够熟读默背。

有一天，老师教了《伊索寓言》中的一段故事后，便检验学生们的背诵情况。富兰克林背得十分流利，老师很满意。

最后，老师对富兰克林说："下个月的朗诵会上就由你来背诵这段《狐狸和乌鸦》吧！"

原来，学校每年都要举行一次全校规模的学生朗诵会，到时会邀请学生的家长和社会上的知名人士前来参观。

学生们在朗诵会上，如果出现了错误，事后就会受到重罚。因此，每到朗诵会之前，学生们都会拼命地去背诵属于自己的那段文章，以免受罚。

当时富兰克林的好朋友汉森被指定背诵《农夫和蛇》中的那一段。可能是因为太紧张了，无论怎么努力去背，都不能够记住。汉森简直伤心极了。

看见好朋友伤心的样子，富兰克林决定帮助他。两个人只要一有时间便在一起背诵，并互相检查，结果过了一段时间，汉森也能把自己背的那段背得很熟了。

两个人为此都很高兴。朗诵会的日子在孩子们略带紧张和焦虑的期盼中到来了。

一大早，孩子们都穿戴整齐，拉着家长的手来到了学校。来宾们也都穿着漂亮而整齐的衣服，一批批地来到了学校，他们被安排在礼堂的前排就座。

学生们都规规矩矩地坐在凳子上，一动也不敢动。富兰克林遇到这样的场合并不畏惧，表现得很自然。

这时，富兰克林抬头望去，来宾中父亲正坐在最后一排，面带微笑地注视着自己。

于是，富兰克林高兴地拉了拉汉森的手说：

"你看，我们的父亲正在为我们加油呢！"

可是此时的汉森已紧张得笑不出来了，他两条腿不停地颤抖着。

"打起精神来，汉森，我相信你能行。"富兰克林紧紧握住好朋友的手说。

这时，朗诵会开始了，因为富兰克林平时在学校表现优异，所以被老师安排在第一个出来表演。

"本杰明·富兰克林！"

随着老师的话音，富兰克林走上了表演台，站定后给来宾和老师鞠躬行礼。

"他的题目是《农夫和蛇》！"

老师的话音一落，富兰克林可急坏了。他心里暗想，老师怎么能把汉森背的题目与自己的弄混了呢？

其实，富兰克林也不是不会背诵，因为这一段他在帮助汉森背诵时也早就记住了。

可是，小富兰克林想："如果我现在背了，一会儿轮到了汉森，他该怎么办呢？"

在这种情况下，富兰克林又不好说老师弄错了题目。

于是富兰克林想了又想，决定不背，只是呆呆地站在那里，瞅着自己的脚下。

"快背啊，富兰克林。"

老师催促说。

可是富兰克林仍然一声不吭地站在那里。

这时来宾们哗然了，有的说：

"这个孩子怎么这么笨，什么也不会，还上学干吗?"

还有的说：

"这么简单的事都做不了，真是不像话。"

有钱的家长们更是用一副扬扬得意的目光注视着富兰克林。

"先生，对于这样的孩子一定要严惩。"镇长先生竟然大声对老师说道。

接着，镇长先生还大发感慨地说：

"我小的时候，像这样的拉丁故事，脱口就来，背几十段也没有问题。现在的学生，真是大不如前啊!"

老师也是很惊奇，平时背诵很优秀的富兰克林，今天到底是怎么了，一句也背不出来，只是呆呆地站着。没有办法，老师只好狠狠地喊道：

"快回到你自己的座位上去!"

汉森呢，由于太紧张，他父母临时向老师请了假。结果整个朗诵会上，富兰克林是唯一出丑的学生。人们都在议论纷纷。

朗诵会结束后，趁着乱哄哄的嘈杂声，父亲悄悄地走到老师身边低声地说：

"老师，你可能不知道吧，本杰明没有背诵下来，是因为你说错了题目。为了汉森小朋友，他只好放弃了自己的背诵。"

"什么，你是说我弄错了题目?"

老师一时还没有明白过来。

"是啊，《农夫和蛇》本来是汉森的题目，本杰明的题目是《狐狸和乌鸦》。本杰明和汉森前几天一直在我家互相背诵呢!"富兰克林的父亲佐赛亚说。

"啊！真的是我记错了，《农夫和蛇》确实应该是汉森的。"老师一边看本子一边恍然大悟地说。

"真的十分对不起，来宾一多，我也忙昏了头，结果弄错了题目；因此害得本杰明当众出丑了，真的很抱歉。"老师十分懊悔地说道。

"没关系的，只要你别责怪他就好了。"善良的佐赛亚说。

"怎么会呢，我还得感谢本杰明呢！今天多亏了他，否则我可就要出大丑了。我会找机会向他道歉的。"老师真诚地说。

"您不必太客气，老师。"

"富兰克林先生，您放心吧。你的小儿子既聪明又有胆识，将来一定会有出息的。"

"老师，但愿如您所言吧！"

回到家里后，佐赛亚也表扬了富兰克林。因为他在危急的情况下，既救了小朋友，也照顾了老师的面子，是一个非常懂事的孩子。

用风筝拉着游泳

富兰克林从小就喜欢游泳，在他 5 岁的时候，就已经游得非常好了，许多小孩子都比不上他。不过，富兰克林有更大的理想，那就是航海，每当看见在海上远行的船，都能引起他无限的遐想。

不过，富兰克林家里很穷，是没有大船进行航海的。但是这并不能阻挡他对于航海的想象。

有一天，富兰克林又在海边玩，看到靠船桨的动力逆流前进的船只，十几岁的少年突然想：如果人也能借助桨的动力，就一定会游得更快吧！

这个不需要多少材料，不用费多大劲就能够进行一次实验，于是他决定试一试。

富兰克林是个想干就干的人。他想，既然船桨都是用木头做的，自己如果也用木头做四个类似于船桨的东西，然后把它们绑在胳膊和腿上，游泳时一定会加快速度的。

于是富兰克林偷偷地找到父亲用过的木工工具，开始精心地制造自己的划水木桨。划水木桨做好后，富兰克林首先把这件事情告诉了他的好朋友汉森，两个人商量后决定，晚上放学时邀请伙伴们一起去海边实验。

晚上放学后，富兰克林带着自己的杰作出发了，后面跟着的是他的小伙伴们。小伙伴们一边走一边纷纷地议论着。许多比较大一点儿的孩子甚至对富兰克林的发明充满了怀疑，甚至预言他一定会被淹死。

只有汉森对富兰克林说道："没关系，你去试试吧！如果不行的话，我会下水帮你的。"

富兰克林却满不在乎地对伙伴们喊道："大家别担心，看我的吧！"

在小伙伴们的簇拥下，他们很快来到了海边。大家都激动地等待着富兰克林的实验。

"大海，我来了！"只见富兰克林一边大喊，一边跳到水里。

开始时，可能因为不太适应，富兰克林划得比较慢，后来渐渐地快起来，不久就剩一个黑点了。

伙伴们开始欢呼起来："加油，富兰克林，快游回来！"

在伙伴们的叫喊声中，富兰克林不久又游回来了，伙伴们从此更加佩服他了。

有一天，富兰克林对好友汉森又提起了划水木桨的事，他说："划水木桨确实可以加快游泳速度，只是人的手脚绑上后，如果长时间游泳，还是太费劲了。"

他还偷偷告诉汉森说："上次其实累得够呛，不过幸好最后顺利游了回来，不然就要被人嘲笑了！"

"可是除此之外，好像也没什么好办法了吧！"汉森说。

"我又有一个想法，只是不知道能不能行得通。"富兰克林微笑着说。

"真的吗？可以试试看。"汉森瞪大眼睛看着富兰克林说。他真佩服自己的这个伙伴，他可真是个能人。

"你看见天上的风筝了吗，如果能让它拉着人游，人就会很省力，而且又能游得很快。"

"你这个主意很不错嘛，我们做一次试试看。"汉森兴奋得跳了起来。

两个人开始动手准备，先找来了许多线做风筝拉线，又做了一个巨大的风筝，线的一头绑在风筝上，另一头固定在一个短木棒上。

一切准备就绪后，富兰克林又对伙伴们宣布说："今天放学后，

请同学到海边看风筝带人滑水表演。"

这种事大家可是第一次听说,他的同学都非常感兴趣,不知道这个小富兰克林这次又要搞什么花样。于是大家都想到海边看个究竟,甚至许多别的班级同学也都知道了这个消息。

这次海边聚集了一大群看热闹的人,富兰克林开始准备下水了。汉森不无得意地对伙伴们喊道:"这次游泳,本杰明不用手和脚就能游泳了。"

那些看热闹的小伙伴们一听,更加兴奋了,他们有的大喊:"快点儿开始吧,本杰明!"

有的说:"不是吹牛吧?让牛在天上拉着你跑吗,富兰克林?"

人群中传来伙伴们快乐的笑声。表演开始了,只见富兰克林和汉森先把风筝放起来,然后,他仰卧在水中,手中握紧短木棒。

渐渐地风筝开始向远处飘去,下边拖着富兰克林,他真的不用手脚,就开始移动了。人群立刻沸腾起来。

渴望知识的小书迷

学校的生活总是过得太快，小富兰克林已在那个学校上学两年了。

这时，佐赛亚改变了主意，他不想让富兰克林继续上学了，当然最主要的原因还是花销的问题。

家庭负担沉重的佐赛亚现在已经无力应付儿子上学的费用了。况且，他也看到在当时即便受过高等教育的人，许多人到头来仍然是过着穷困潦倒的生活。

所以，富兰克林在公立学校只上了两年学。因为家里的经济条件日益窘迫，他不得不转入了一家只教数学和语文的私塾，这样书费就少得多了。

尽管这个学校的学费很低廉，可是富兰克林在这儿也只上了一年学就辍学了。

回到家后，小富兰克林成了父亲的帮手，每天帮父亲做一些力所能及的活，如剪烛芯、浇灌烛模、照管店铺、出去买些东西、送点货什么的。

可是富兰克林的心思，却没留在家里，他有自己的理想，也有自己的梦想，他一刻也没有放弃对航海的热爱。

当时的波士顿港是一个繁忙的海港，每天都有各式各样满载货物的船只在这里停泊。

富兰克林常常瞒着父亲，偷偷地来到海港。富兰克林会一个人跑到船上，听水手们讲外面不同地方的风土人情，以及各种有趣的航海故事。

他在心里憧憬着有朝一日自己也能成为一名真正的水手。

父亲佐赛亚也很了解富兰克林的心思，但是他却并不赞成富兰克林去航海。因为富兰克林有个哥哥远航海外后，至今仍然杳无音信，所以父亲很怕自己的小儿子离开后再也见不到了。

可是，怎么样才能收住儿子的心呢？于是父亲决定让儿子去外边学门手艺。可是学哪一门手艺才好呢？一个小孩子怎么才能真正知道自己喜欢什么呢？这个问题不止小孩子弄不清，有时连大人们也说不清。

佐赛亚深受基督教的影响，很想让自己的儿子进神学院学习，将来能够成为一个为上帝效劳的神学家。可是由于家境日益贫困，佐赛亚只好放弃了。

为了让儿子能够选择一门自己真正喜欢的手艺，父亲带着他去观看木工、砖瓦匠、铜匠等手艺活。他想让富兰克林通过自己的实地考察，找到自己的兴趣点。

可是很快佐赛亚发现，富兰克林对所有的手艺都表现出了一种热情，可是渐渐地又会失去了兴趣，不能坚持到底。

所以，富兰克林一连换了几个行业，都没能够真正坚持下来。这当然一方面是富兰克林自己的原因，另一方面也是由于家里负担不起学徒的费用。

后来，父亲又找了一家制刀行，让富兰克林去当学徒，可是没过几天，高昂的学费使得佐赛亚无法支付下去，只好又让儿子回到了家里。

既然没能学成一门手艺，父亲决定让他继承家业，帮助自己经营家里的肥皂、蜡烛店。

首先，父亲让富兰克林帮助管理账目。他果然不负父望，把账目记得清清楚楚，而且账算得比父亲还快。为此，富兰克林深得父亲的喜爱。

可是由于每天手边都能有钱，加之店里的生活非常枯燥无味，他就开始偷偷地藏钱。

当然富兰克林不是要拿这些钱去买好吃的，而是他想看书，看航海方面的书。

富兰克林总是趁父亲不注意的时候溜出去买书，特别是有关航海方面的小说。

有一次，富兰克林甚至不顾被父亲发现的危险，买了一套大部头的百科全书。

当富兰克林徜徉在知识的海洋中的时候，年少的他暂时忘却了烦恼，家境的贫困也被抛到了九霄云外。

尽管父亲开始时并没有注意到，可是后来渐渐发现了问题。等他真正注意账目的时候，很快就发现几乎每天的账目都有短缺。他也很快想到了是怎么回事。

一天，佐赛亚把富兰克林叫到身边，严肃地问他：

"孩子，最近的账目有些不对，钱怎么缺了许多呢？"

面对父亲威严而慈祥的目光，富兰克林想：这下想蒙混过关恐怕是不能了，只好等着挨打吧！没有办法，富兰克林只好说了实话，他说：

"爸爸，你不是想让我继承家业吗？我想多学点知识，于是我就买了些书看。"

说完这些话，富兰克林眨着一双有神的大眼睛，小心翼翼地看着自己的父亲。

父亲听后轻轻地叹息说：

"可惜我们家太困难，不能够让你去学校学知识。"

说完这些，佐赛亚用手轻轻抚摸着儿子茂密的金发。然后他继续思索着说：

"虽然你拿钱去买了书，但是你怎么能背着爸爸呢？要知道，我也是很希望你多学习些知识的。"

富兰克林听父亲这样说，知道自己错了，赶紧向父亲认了错。

富兰克林的举动让父亲深感无奈，哭也不是，笑也不是。因为孩子太小，自制力差，自己的小店如果继续让他经营下去，恐怕用不了几天就得倒闭了。

于是父亲立刻采取了紧急措施，不准富兰克林再管店里的账了。只是每个月，父亲会定时给他一点零用钱。这下可不妙了，自己不能掌握财政大权了，用仅有的一点零用钱，该怎么买书呢？富兰克林犯起愁来。

思前想后，富兰克林又想出了一套办法，那就是他把自己原来买的书一一读完后，就拿去和别人交换看。就这样，年少的富兰克林能读到各种有趣的书籍。他在柜台上读，躺在床上读，甚至偶有闲暇在海上驾小舟游玩时也要带上书。一本书读完后，他就去换回另一本读。

有一段时间，富兰克林迷恋上了历史书籍。

为此，他不得不忍痛割爱，把自己最喜欢的那套百科全书卖了，买了一套《历史全集》，足足一句一字地啃了三个月，脑子里装满了丰富多彩的历史故事。富兰克林书读得越多，他的求知欲越强烈。

不久，富兰克林就把他力所能及的范围的书都看遍了，闲下来的富兰克林无聊极了。于是，不甘寂寞的富兰克林又想起了新的主意。

富兰克林知道父亲有一箱珍贵的藏书，一直锁在屋顶的阁楼上，平时谁也不让动。只是当教堂的胖神父来家里玩时，曾经借走过两本书。

富兰克林自幼觉得那个藏在阁楼上的大藤箱充满了神秘感，恨不得马上打开它，看看里面究竟藏着什么宝贝。

一天，趁父亲正在睡午觉，富兰克林准备开始行动。他偷偷地溜上阁楼，打开了藤箱。当他揭开箱盖时，惊喜得连眼睛都放出了光来：原来父亲的藤箱里装满了各种各样的书。

自从发现了父亲的一箱宝贝书后，富兰克林更加勤奋了。

有一天，富兰克林看见父亲又在睡午觉，他赶紧悄悄溜上阁楼去取书。可是，当他刚一下楼时，却和父亲撞了个满怀。

原来，老年人的睡眠很浅，父亲听到阁楼上似乎有声响，于是赶紧起来准备去看看，谁知正好与富兰克林撞了个满怀。老父亲望着儿子那略带紧张的表情，心里已明白了一大半，于是装出一副什么也不知道的样子问道：

"孩子，你上阁楼上面干什么去了？"

富兰克林双手紧捂着胸口，以免书掉出来，吞吞吐吐地回答道："哦，抓老鼠去了。"

父亲听后哈哈大笑起来："你真是一个了不起的小英雄！老鼠抓到了吗？"

"呀！你的胸口怎么了，是不是让老鼠给咬了，快来让我看看。"

"没什么，爸爸，只是不小心让箱子碰了一下。"

"那可不行，我得看看，可别碰坏了。"父亲含笑说道。

眼看自己的谎言被识破了，富兰克林只好解开衣服，拿出了书，低着头等着父亲骂他。

但出乎意料的是，父亲拿起书看了看，并没有骂他，而是和蔼地说：

"你既然喜欢看这些书，为啥不早些告诉我呢？"

富兰克林听了父亲的话后，嘴里小声嘀咕："我要是老早告诉了你，你才不会让我看呢！"

佐赛亚听到儿子这样说，忍不住笑了，他说：

"怎么会呢，这些书也是我小时候最喜欢看的。"

原来富兰克林所选的这几本书，正是他父亲藏书的几本精华，其中有普鲁塔克的《希腊罗马名人传》、笛福的《计划论》等。这些书都是佐赛亚从前精心研读过的，而且从中学到了很多创业立身之道。

佐赛亚说："好好看吧，孩子！以后要看，尽管来这里拿吧，不过看过后还要放回原地啊！"

富兰克林高兴地抱住父亲说：

"谢谢，爸爸！你真是个好爸爸！"

父亲看着自己的小儿子对书的爱好，开始在心里想：这孩子将来得干点与书有关系的职业，那样的话他大概才会感兴趣吧！

在书中寻找乐趣

有了书的富兰克林是快乐的，可是快乐的时光又总是过得太快，转眼之间两年时间如流水般过去了。

通过对小富兰克林的观察，佐赛亚非常清楚自己的儿子不仅喜欢航海，还特别喜欢读书。富兰克林买的第一部书是分为数册的《约翰·班扬集》，其中的《天路历程》是他最喜欢读的一本书。

另外，富兰克林还通过父亲的藏书，读过古希腊学者普鲁塔克的名著《希腊罗马名人传》、笛福的《计划论》、科顿·马德的《为善论》。

正是基于这样的原因，父亲终于决定让富兰克林天天与书打交道，通过书来找到他未来的职业。

其实佐赛亚希望儿子做的，就是一名印刷工匠。当然，父亲的这个决定也有一定的偶然因素。

有一天，富兰克林的一个哥哥詹姆斯从伦敦回来了，并且带回了一架印刷机和全套字母模板，并说准备要在波士顿开一家小型印刷厂。

詹姆斯对父亲说：

"爸爸，我的印刷厂还需要一个伙计，你帮我物色一个吧。"

父亲听了詹姆斯的话后，心里不禁一动：既然自己的小儿子喜欢书，何不让他去印刷厂去学印刷呢，将来也能混口饭吃。

后来的事实表明，父亲的这一决定是非常明智的，因为这一决定对富兰克林的一生都产生了决定性的影响。

父亲对詹姆斯说道：

"你的小弟弟本杰明聪明伶俐，又喜欢读书，不妨就让他去吧。"

"只要他肯去就行，我听你的。"詹姆斯回答说。

富兰克林虽然一直渴望着能去航海，但父亲不能给他提供这个选择。比起制作肥皂、蜡烛这些无聊的事情，他还是更喜欢印刷业。

最主要的是，印刷可以与书籍天天做伴，这也就意味着富兰克林可以天天有书读了。这对于爱书的他来说，也是一个非常好的选择。

因而，在抗拒了一段时间后，富兰克林服从了父亲的安排，到哥哥詹姆斯的印刷厂当起了学徒工。

按照当时的法律规定，老板收学徒是要签合同的。虽然富兰克林是詹姆斯的亲弟弟，但是合同还是要签的。按照他们兄弟的合同，富兰克林做学徒的期限是从 12 岁至 21 岁。

在学徒期间，学徒住在老板家里，给老板干活，一切都得听从老板安排，老板包吃，但是没有工资。只有满了 20 岁以后，老板才给学徒发薪水。在做学徒期间，学徒不得随意解约、随意离开。

尽管条件很苛刻，富兰克林还是在合同上签了字，从此他成了哥哥詹姆斯手下的一名学徒。

在母亲的含泪注视下，富兰克林离开家来到了哥哥的印刷厂，从此与印刷业结下了不解之缘。

印书学徒的生活是异常艰苦的。哥哥詹姆斯性格暴躁，他完全把这个同父异母的小弟弟当成了一个廉价的劳动力。排版、校对、送书、跑腿，富兰克林在哥哥的印刷厂里什么都得干。即使是这样，他也常常遭到牛性暴躁的詹姆斯的毒打。

这段在印刷厂的悲惨生活大概给他留下了不可忘却的记忆。后来富兰克林在他的自传中这样写道：

"我的哥哥非常粗暴，喜欢生气，动不动就会对学徒拳脚相加。"

尽管如此，印刷厂两年的学徒生活还是使富兰克林长大了许多。他不但个子长高了，也成熟了许多。

最主要的是，富兰克林已经从一个起初对印刷并不很感兴趣的少年，成为一个校对、排版、印刷样样精通的熟练工，成了哥哥的得力帮手。

印刷厂的生活是繁忙的，可是富兰克林并没有因此而放弃读书。只要一有机会，他就会捧起书本，忘我地读起来。碰到詹姆斯高兴的时候，富兰克林还能得到一两本装订不良的次品书。

每当夜深人静的时候，富兰克林就躲进阁楼，点上蜡烛，兴趣盎然地阅读那些刚刚装好、还散发着油墨味的新书。

一天吃过晚饭后，詹姆斯喊道：

"本杰明，你过来一下，把这包书送到马尔太先生家去。路上别贪玩，快去快回。"

马尔太是这里一位很有钱的商人，也是一位藏书家，他经常光顾詹姆斯这里。

那个时候一本书的印数是很少的，不像现在一本书可以印制成千上万册。

当时一本新书能卖出几百本就已经很不错了，如果能卖上千本，就是十分畅销的书了。因此对于常来购书的老主顾，书店都是派人专门给送书的。

富兰克林从哥哥手里接过已经打好包装的书，顺着一条石铺的马路，向马尔太家走去。

傍晚的微风轻拂着他的面颊，简直舒服极了，他一边走着一边低声地哼着歌。走着走着，忽然从对面走来三个少年，拦住了富兰克林的去路。其中一个高个少年高声对他喊道：

"快把你的包交出来，然后快滚，否则你小子就得挨收拾了。"

高个少年向同伴们使了个眼色，三个年轻人就把富兰克林围在了正中间。

富兰克林面对这三个地痞，并没有表现出惊慌的神色，他知道自己是不能把书交给他们的。而且富兰克林从小就是伙伴们的领袖，长期的海边生活也造就了他健壮的体魄，对付这三个瘦高的家伙，他还是有自信的。

"你们是什么人，我凭什么要把包给你们?!"富兰克林面无惧色地大声说。

那三个家伙一看，今天遇到了一个硬茬子，不动点武力是不行的。于是他们二话没说，就扑了过来。

富兰克林想，擒贼得先擒王，必须先制伏那个大个子才好。

于是，他挥起拳头向那个大个子打去。四个人一场恶战。

没一会儿，大个子的眼睛肿了起来，另外两个人脸上沾满了血，富兰克林也被打得鼻青脸肿。

情势有些危急了，富兰克林终究有些寡不敌众，现在已经被三个地痞压在了最下面。这些坏蛋们的拳头像雨点般落在了富兰克林的身上，可是他仍然死死地抱住自己的那包书不放。

这时，恰好有一个少年路过这里，他看见三个人欺侮一个人，非常生气。

"不许欺负人!"这个少年大吼一声，然后向这几个人直冲过来。

三个地痞忽然听到后面有声音，他们不得不停下手，向后面看。

当这几个家伙看见来的也不过是一个十多岁的少年时，就没有把他放在心上。

"你是哪儿来的，也敢来管大爷的闲事?! 给我滚远远的，不然小心连你小子一块儿揍。"那个高个少年说。

这时富兰克林已经从地上爬起来了，他一边擦嘴角的血，一边大声说：

"别让这几个流氓跑了，他们抢东西!"

那几个家伙瞪着眼睛看了一眼富兰克林，说：

"小子，打你是轻的，还敢在这儿胡说?! 乖乖把东西给大爷放下，给我走人。"

"凭什么，你们想要就要啊！你们是什么人，敢随便抢人家的东西。"富兰克林不甘示弱。

那几个家伙看不来硬的不行，于是又向富兰克林围了过来。那个见义勇为的少年一看，从后面就下手了。

富兰克林一看有人帮忙，也忘记了自己身上的痛，两个人与三个地痞又打了起来。两军对阵虽然是二比三，但三个地痞渐落了下风，为首的大个子眼见情势不妙，于是大喊："兄弟们，快跑！"

于是，这三个家伙狼狈地钻进一个小胡同，一会儿就看不见踪影了。富兰克林他们没有追赶。

这时，富兰克林才想起帮助自己的这个朋友，他抹了抹脸上的血，向那个少年鞠了个躬。

"多谢你救了我。我叫本杰明·富兰克林，是印刷厂的学徒。"富兰克林诚恳地说。

对方也友好地向他还个礼，并拍了一下富兰克林的肩膀，高兴地说：

"我叫约翰·格林，也是个印刷学徒，咱们还是同行呢！"

夜幕降临了，格林一路上与富兰克林谈笑风生，一直陪伴富兰克林来到马尔太家门口，两个人告别并约定了再见面的时间。

富兰克林敲开了马尔太家的门，说明自己的来意后，跟着仆人上了二楼。

来到二楼，仆人让富兰克林在门外稍等，

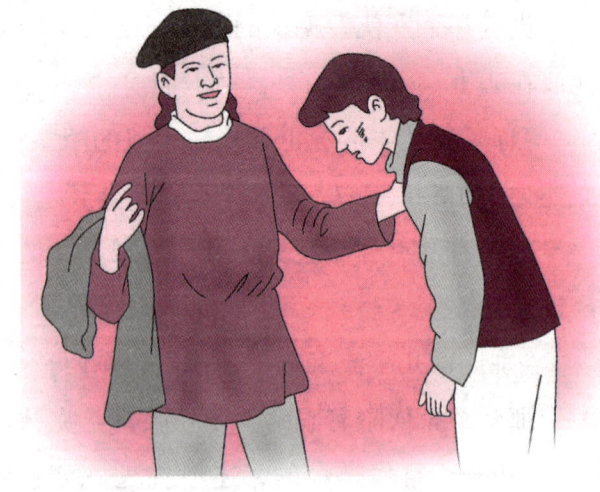

自己进去报信。

一会儿，仆人出来了，让富兰克林进去。来到屋里，富兰克林一眼就看见一个矮胖壮实的绅士正坐在壁炉前读书。

仆人对他说："这位就是马尔太先生。"

"马尔太先生，我是书店的伙计，是来给您送我们新出版的书的！"富兰克林一边鞠躬一边说道。

马尔太先生抬起头，看了看这个满脸挂彩、衣服也撕得破破烂烂，却又彬彬有礼的少年，十分诧异地走到富兰克林的身边。

"小伙子，你这是怎么了？"主人和蔼地问道。

"先生，刚才半路上，有人要抢我要送给您的书，为了保护您的书，我进行了英勇的奋战。"富兰克林不乏幽默而又略带自豪地挺了挺胸膛说。

"啊，小伙子，你可真勇敢。"

马尔太先生十分感动，接过了富兰克林的书。随后，马尔太先生又从口袋里掏出了一枚银币，一边递给富兰克林，一边微笑着说：

"太感谢你了！小伙子，这个银币你拿去买点点心吃吧！"

可是富兰克林并没有去接马尔太先生的钱，此刻的富兰克林被马尔太身后那一排书柜里整整齐齐排放的书给吸引住了。

富兰克林略带腼腆地说道：

"先生，我不想要您的银币。如果您能借给我一本书读就好了！"

"小伙子，你喜欢读书啊！我的书柜有许多书，你可以随便挑选你喜欢的，下次来的时候记着送来就行。"

富兰克林听了马尔太先生的话，简直高兴极了。这些书简直让人目不暇接。最后，富兰克林挑了一本希腊著名史学家色芬的名著《苏格拉底回忆录》，欢天喜地地告别了主人。

马尔太先生亲自把富兰克林送出了门，并对富兰克林说道：

"你可以随时到我这儿来借书。"

富兰克林带着从马尔太先生那儿借来的书回到印刷厂时，詹姆斯和其他工人都早已进入了梦乡。

富兰克林悄悄地用冷水洗了把脸，随即爬上了自己住的阁楼，点燃了半截蜡烛，津津有味地读起了这本刚刚借来的书。

书中详细地介绍了苏格拉底的人品、思想和辩证法，把富兰克林带进了一个闪烁着哲理光芒的思想世界。

苏格拉底的思想和辩证法给富兰克林留下了很深的印象，他如饥似渴地开始在哲人们的思想里漫游……

尝试诗歌创作

自从富兰克林那天晚上遇到格林之后，两个人就成了无话不谈的好朋友，他们经常找时间一块玩儿。通过谈话，富兰克林才知道，格林也是穷人家的孩子，他来自苏格兰，到这里的时间还不是很长。

格林还是一个非常喜欢读书的少年，由于上不起学，也像富兰克林一样早早出来当学徒了。

有一天下班后，格林带了他的几个朋友来找富兰克林。他的这些朋友也都是各个印刷厂的学徒，而且也大都喜欢读书。

富兰克林提议，大家可以都把自己书店新印出来的书拿出来交换看。这些建议得到了大家的一致同意。最后大家进行了约定，一是不能把书弄脏了，二是书不论能否看完第二天早上都必须立刻归还，以免被店主发现了。

自从大家有了这个约定后，真是让富兰克林大饱眼福了，古典名著、历史故事、海盗小说、传奇珍闻等应有尽有。富兰克林为了能够读完一本好书，经常彻夜不眠到天明。他读到疲倦的时候，就用冷水洗洗脸，然后继续读，直到读完为止。

富兰克林一直保持着良好的阅读习惯。他读书的时候非常留心保持书的清洁，从不污损，因此，有书的人都乐于借书给他。他就这样如饥似渴地学习。即使在工作的时候，富兰克林也不像其他人那样，只满足于检字排版，交差了事，而是把排字当作学习的好机会。

富兰克林一边排版，一边识字辨义，对所排的文稿内容也能初步领悟。

有一次，富兰克林在排版一篇文稿时，发现其中一句文理不通。

他联系上下文思索，认为应该进行修改。

于是，富兰克林在原句旁边做了记号，并等作者校对时，提示作者注意并更正。作者看到后，非常感谢富兰克林的提示，并对在场的人说："这位小排字工人能看出文稿的错误，这的确难得，真是个有心人。"

就这样，富兰克林抓紧利用各种机会学习。他在书籍的大海中驰骋遨游，从大量的文史哲学以及科技读物中汲取了丰富知识。其中不少书对他一生的事业都产生了极大的影响。

富兰克林读的书很多也很杂，他读文学、学写诗歌，研究航海术，苦读名人传记，都是各有所得。特别是一些启蒙思想家的著作，在富兰克林的内心中播下了争取自由、反抗暴虐的种子。

一晃几个春秋匆匆过去了，少年富兰克林经过勤奋苦读，取得了很大进步。

在富兰克林 14 岁的时候，好心肠的商人马尔太先生还送给了他一套诗歌集。诗人那纵横驰骋的构思、跌宕起伏的音韵以及富于浪漫色彩的文笔，都深深地打动着富兰克林那颗年少的心。

读完了这套诗集后，富兰克林也产生了动笔写诗的念头。在他的脑子里有无数动人的航海故事，他一直想诉诸笔端，这套诗集激发了他的创作欲望。

一连三个通宵，富兰克林伏案灯下，创作他的长诗，书写他心中遥远的梦想。努力最终有了结果，几天后，富兰克林的两首长诗终于面世了。一首为《灯塔的悲剧》，叙述一位名叫华萨雷的船长和他的两个女儿沉船遇难的真实故事。另一首为《水手之歌》，又叫《黑胡子大盗被捕记》，讲述的是水手与海盗间的传奇故事。

写出来后，富兰克林把这两首长诗交给了自己的哥哥。他的哥哥开始不屑一顾，认为自己的弟弟不会写出什么好文章的。不过当他看了两页后，感到非常惊讶，他没有想到自己的弟弟还有这一手，虽然

写得不是很好，可对于他的年龄来说已经是很不错了。

正好这几天印刷厂没什么事，于是詹姆斯想出了一个主意，他将这两首诗用粗糙的纸张印了出来，叫弟弟沿街兜售。詹姆斯想，即使卖不出去，也不会赔什么的。可让他没有想到的是，那本《灯塔的悲剧》竟然销路很好。

看着自己的"杰作"被销售一空，富兰克林第一次体会到了创作的乐趣，十几岁的小伙子甚至有点飘飘然了，甚至觉得自己将来也许可以成为一位大诗人。

正当富兰克林沾沾自喜的时候，他的父亲佐赛亚看到了他儿子的作品。一向对诗人不感兴趣的佐赛亚甚至说过："写诗的人都是疯子，自己都不知道自己在干什么。"

于是，佐赛亚把富兰克林找来，问他："这是你的'大作'吗？"

"是的，是我利用闲暇时间写出来的。"富兰克林回答说。

"你自己认为这本'杰作'如何呢？"父亲翻开诗集说道。

"杰作可能谈不上，可买的人很多，可能还不错吧。"富兰克林得意地回答。

"哼！你这简直就是哗众取宠！要想当一个诗人，仅凭你的这点小能耐，还差得很远呢！"

富兰克林挨了父亲的一顿训斥，嘴上虽然没说什么，可心里并不服气。

佐赛亚对儿子的诗句十分不看好，最后他还告诉儿子说，作诗的人一般都穷困潦倒。

多年以后，富兰克林承认自己那两首诗的格调低下，若真的去写诗，一定会是个"十分拙劣的诗人"。

诗人当不成后，富兰克林转而钻研起散文。对富兰克林一生具有重大意义的散文写作就是在这时开始的。

富兰克林和好朋友约翰·格林在一起的时候，往往对一些问题进行争论。

有一次，两人对于妇女应否接受高深教育和妇女有无从事研究工作能力的问题辩论起来。两个人各抒己见，辩论得非常激烈。到了分手的时候，格林在辩论中占了上风。

然而，富兰克林认为格林不是靠强有力的论据，而是以善辩和流畅的口才压倒了自己。于是，富兰克林便把自己的论点写在纸上，然后寄给格林，以便在没有机会见面的随后几天中，继续那场争论。

就这样双方互相都寄出了三四封信。

这时佐赛亚无意中看到了儿子的信稿。他对孩子们争论的问题未加评论，只是借机谈起双方文章的体裁来。

父亲告诉儿子说，他的正确拼法和标点胜过了对方，但在修辞和条理方面却有问题，并以文中几处论证当作实例。

富兰克林信服了，决心要努力提高自己的写作水平。

有一次，富兰克林看到一本刊物《旁观者》，发现里面的文章很好，就凑了点钱把它买下来。然后，富兰克林在自己认为很好的段落下做上记号，逐段逐段背诵。

几天后，富兰克林模仿原文的风格写了一篇文章，然后把自己写的与原文比较，发现缺点后，再动手修改。在此基础上，富兰克林又将这些散文改写成诗，一直到自己忘记了原文的结构时，再来设法将诗中的意思用散文表达出来，然后也和原文作比较，改正自己的缺点。

这样做的结果是富兰克林学会了如何处理材料，使文章更具有条理性。经过努力，富兰克林的写作技巧大大进步了。

富兰克林的学习时间不多，只有晚上下班后或早晨上工前的一段时间才属于他，或者是星期日。为了更多地学习，富兰克林尽量减少用在其他所有活动方面的时间。

当时，尽管富兰克林认为做礼拜是人们应尽的义务，但还是常常设法逃避，然后他独自一个人留在印刷厂，在练习写作和读书中自得其乐。

在16岁那年，富兰克林偶然读到一个名叫塔赖昂的人写的一本宣传素食的书，他很受启发。富兰克林认为，素食法既能够让自己长寿，又能够让自己节省开支，做更多有用的事情，非常值得一试。

于是，富兰克林找到了自己的哥哥詹姆斯，希望哥哥能够把自己每天的伙食费支出来，由自己支配。

原来，詹姆斯印刷厂里的伙食，都是由詹姆斯花钱带领工人们出去吃的。

富兰克林想，只要哥哥肯拿出自己的一半的伙食费，自己就能够吃饱饭同时还有剩余。于是，富兰克林对哥哥说："哥哥，你给我伙食费的一半钱，我自己来解决吃饭问题，还可以替你看店，可以吗？"

詹姆斯听了富兰克林的话很是吃惊，感觉自己的弟弟又在冒什么傻气，也懒得理他，于是就答应了。

从那时起，每当哥哥领着工人们出去吃饭时，富兰克林就自己一个人留在店里，一边吃着黑面包，一边抓紧时间读书。

素食使富兰克林获得了买书的钱，也有了看书的时间，他的学习进度加快了。就是在当学徒的这段时期里，富兰克林把在学校曾两度考试不及格的算术重新学习了一遍。

另外，他还读了许多关于航海的书。从这些航海的书里，他接触到了几何学知识。富兰克林还读了洛克的《人类的悟性》和波尔洛亚尔派的作家们写的《思维的艺术》。

富兰克林以非凡的求知欲和刻苦精神，吸取着文化知识的养分，不自觉地为未来作为科学家、思想家和外交家的生涯搭建了最初的牢固的阶梯。

投稿抨击社会制度

1721 年，詹姆斯力排众议，大刀阔斧地开始出版自己的报纸《新英格兰报》。报纸一开始印刷，小印刷厂一下子繁忙了起来，富兰克林也经常得加班工作。

富兰克林的主要任务是把印出来的报纸送到城里各处的订户家中。詹姆斯的朋友中有人为报纸写些短文作为消遣。令人高兴的是，这些文章使得报纸的声誉提高，销路更广。这些朋友常到印刷厂来，在谈话中提到他们的报纸受到居民的欢迎。

听到这些，富兰克林不禁怦然心动：自己也要在上面一试身手。但是哥哥不允许他写的文章在报纸上发表，因为在他眼中，弟弟始终不过是一个学徒、一个孩子。

有一天，格林又来找富兰克林玩，他们又说起了报纸。

"其实你们的报上有些文章写得不是很好的，为什么都登出来了？假如你来写的话，大概比那些人会好些的。"格林说道。

"我是很想试一下的，可是哥哥一直是把我当小孩子看的，我要投稿，他一定不会允许的。"富兰克林摇摇头说道。

"我们一起想个办法，不让你哥哥发现，不就行了吗？"

"那该怎么办好呢？"

"你投稿时可以不写上你的名字，写一个别人的名字不就行了吗！而且这件事就我一个人知道，我要不说，谁也不会知道的。"

最后，富兰克林署上了一个女人的名字"爱伦丝·杜古德"，而且整篇都是以第一人称写的。在富兰克林的笔下，杜古德出生在到新英格兰去的船上，父亲在旅途中丧命。

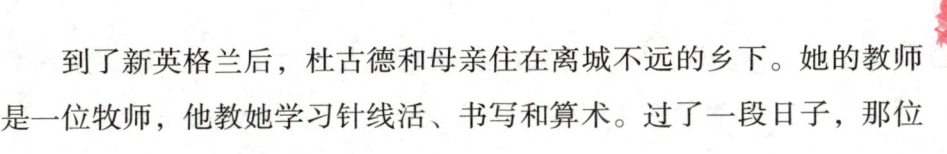

到了新英格兰后，杜古德和母亲住在离城不远的乡下。她的教师是一位牧师，他教她学习针线活、书写和算术。过了一段日子，那位牧师开始物色一位妻子。

在几次向上层社会的女子求婚不成功后，牧师开始把眼光转向了杜古德。

这里，富兰克林显然是以他的外祖父当年娶了他的女佣，也就是富兰克林的外祖母为原型加以虚构的。

杜古德很欣赏她的牧师，于是，决定嫁给他，成了三个孩子的母亲。牧师死后，她平静地住在乡村。

写好后，富兰克林把它放入信封里封好口，半夜悄悄地溜出门，把这封装着自己得意之作的信从哥哥办公室的门缝里塞了进去。然后，富兰克林异常激动地期待着结果。他不知道自己写的第一篇文章能不能登在哥哥的报纸上。

1722年4月2日早晨，富兰克林的哥哥在报社门口发现一篇文章，署名陌生。读了这篇文章后，他感觉不错。詹姆斯和朋友们猜测文章的作者，纷纷举出他们中的佼佼者的姓名。这样的评价使富兰克林在一旁听了喜出望外。

有了第一次不错的反映，富兰克林投稿更积极了，他经常写一些散文、随笔、书评，特别是一些短评，刊出后很受读者的欢迎。

"这些文章是出自哪位大作家之手呢？是费得莱吧，他最近在时事短评方面很受欢迎的。""也许是哪位大学教授，不愿引起别人的注意，才不愿写上自己的真实姓名的。"

对文章加以好评的这些人或许称不上什么专家名士，但正是这些无名人士的赞许，增强了16岁的富兰克林在写作方面的自信心。

富兰克林还撰写诗文，讽刺当时在新英格兰的诗人中写得最多的挽诗。因为挽诗的作者常常将莫须有的美德和业绩加到死者身上，加以赞美和哀悼，使得挽诗具有一种虚伪的、套话连篇的格式。

后来，不只是詹姆斯对这位投稿人产生了兴趣，许多读者都纷纷给报纸写信，想了解这个杜古德的近况。于是，詹姆斯决定想办法揭开这位神秘投稿者的真面目。

有一天晚上，詹姆斯正准备回房间睡觉去的时候，隐约间听到一阵急促的脚步声向门边走来。

也许自己看花了眼，詹姆斯揉揉眼睛再看，只见那个人手握着一个信封，急忙向门边跑了过来。

詹姆斯还没有看清对方是谁，只是说："对不起，久仰大名，却始终不识其人，今天终于可以当面向您请教了。"

詹姆斯的话音刚落，那个人"咯咯"笑了起来。原来正是富兰克林，他第一次看见哥哥对自己这么恭敬，却忍不住笑出了声。

詹姆斯听到了这再熟悉不过的笑声后，抬头一看，原来自己崇拜已久的名家竟然是自己的小弟，很是气愤。

"你这个小浑蛋，在这儿跟我捉什么迷藏，难道那些文章都是你写的吗？真是让人不敢相信！"詹姆斯恼怒地喊道。

富兰克林低下头说："哥哥，请原谅我。我这样做是想检验一下自己的能力。"

"棒极了，我的好弟弟！"哥哥拍着富兰克林的肩膀高兴地说。

此后，富兰克林便在哥哥的报纸上不断发表文章。在发表文章的同时，富兰克林还不断积累各方面的知识，为今后事业的发展铺垫了坚实的基础。

成功创业

最难抑制的情感是骄傲，尽管你设法掩饰，竭力与之斗争，它仍然存在。

—— 富兰克林

出版《新英格兰报》

媒体的威力是很大的，詹姆斯的《新英格兰报》自1721年8月7日创刊后，在当地产生了很大的影响。特别是报纸经常刊登的一些文章，有的思想非常激进，这对于那些保守势力是一种挑战，所以很快引起了当局注意。

这个不知名的小印刷厂竟然办起了一个《新英格兰报》，已经让政府很不满意了；他们竟然还敢大张旗鼓地刊出一些反动文字，这无异是对政府的挑衅。不过，当时的北美洲还是一个比较自由的地方，而且他们的法律相对还是健全的，对于民间的声音，他们还不敢随便采取行动。

但是，他们在等待时机，他们看着这个《新英格兰报》的一举一动，看他们还能搞出什么新花样来。

1722年，这个机会出现了。6月11日，《新英格兰报》登出一篇虚构的从新港寄出的信，信中说有人看到海盗在那一带海岸出没。文章刊出后，马萨诸塞参事会借口这是在造谣生事，诋毁当局，下令逮捕了詹姆斯，审讯以后将他关押在波士顿的监狱里。

一个多月后，波伊尔斯顿医生为詹姆斯出具证明说，犯人的健康因监禁受到损害，詹姆斯才得以获释。在哥哥锒铛入狱期间，富兰克林义无反顾地担负起印刷厂的工作。《新英格兰报》并没有像保守派预期的那样，关门大吉，而是继续正常运行。特别是富兰克林的第八篇署名为杜古德的文章，更是大胆写出了民主与自由的思想。

这篇文章标题是《一篇伦敦杂志的摘要》，文中这样写道：

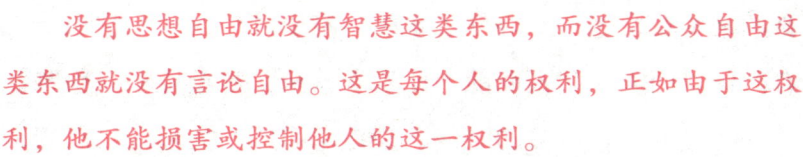

没有思想自由就没有智慧这类东西，而没有公众自由这类东西就没有言论自由。这是每个人的权利，正如由于这权利，他不能损害或控制他人的这一权利。

谁要颠覆一个国家的自由，必先压制言论自由。

富兰克林在支持自己的哥哥，《新英格兰报》在舆论界独树一帜的面貌，依然故我。参事会终于忍无可忍了，他们没有想到，这个小印刷厂的老板都住进了监狱，报纸竟然还能继续出版。

政府不再按什么法律规章办事，他们也不再采取偷偷摸摸放冷箭的方法，而是采取直接的行政命令方式，压制所有异己的声音。

就在詹姆斯出狱不久，政府的公文下来了，公文中写道：严格禁止詹姆斯再出版《新英格兰报》或任何其他这类性质的小册子或文章，除非事先经过本省秘书的检查。

形势所迫，詹姆斯和他的朋友们包括富兰克林在内想出了一个应对计策，那就是以本杰明·富兰克林的名义继续办报。

于是，将当初哥俩签订的师徒合同还给小富兰克林，并在合同背后注明解除合同规定的一切义务，意在不引起州议会的非难。同时，为了保障詹姆斯作为老板和师傅的权益，双方另外签订一份新的适用于未到期的师徒关系的合同，这份合同将不予公开。

很快，弟兄俩将这些办妥了。这样，《新英格兰报》以本杰明·富兰克林的名义继续发行。然而，报纸虽然还在继续印刷，但兄弟俩间却出现了问题，他们之间的裂缝越来越大。

几个月后，富兰克林兄弟俩矛盾已经日益表面化、公开化了，最后达到水火不相容的地步。

自从富兰克林听从父亲的话进入哥哥的印刷厂以来，詹姆斯就视弟弟为普通学徒，认为弟弟应当像其他学徒一样为自己服务。富兰克林则认为两人是兄弟，哥哥对待自己应有别于其他学徒，所以常常感到哥哥的某些要求过分地降低了自己的身份。

有时候，两人在父亲面前为此发生争执，富兰克林一般都能得到父亲的支持。但是，更多的时候，是在印刷厂冲突起来，詹姆斯的脾气急躁，常常对弟弟拳脚相加，伤害了两人的手足之情。同时，富兰克林一直觉得学徒生活令人生厌，他早就在心里烦透了这里的生活，渴望能早日结束它。

最初，当富兰克林用化名为报纸写稿的事被发觉后，一向拿他当孩子看待的詹姆斯，不禁对这个弟弟刮目相看。但同时，詹姆斯心里也感到很不是滋味，唯恐弟弟会过分自负，更加不服管教，因此那个时候兄弟之间的矛盾就在加深。

虽然在哥哥被捕入狱的那段期间，富兰克林站在哥哥一边，撰文对当地统治者冷嘲热讽来支持哥哥，但是他希望摆脱学徒地位的心愿没有变。这次富兰克林与哥哥表面解除了师徒关系，无疑是一次离开的绝好机会。

尽管暗中有另一份合同，但富兰克林料定哥哥在当时的情势下是不敢将它公开的。虽然富兰克林一开始并没有想到要离开，但是他却已经在利用合同的问题，来对哥哥进行反驳了。

在那以后的几个月中，富兰克林常常利用旧合同已被作废的事实，维护自己的自由和权利。富兰克林的这种做法，更加激怒了詹姆斯，从而对待弟弟更加粗暴。万般无奈之下，富兰克林做出决定，离开印刷厂，离开哥哥，结束学徒生涯。

詹姆斯为了阻止他这样做，走遍了城里的印刷厂，对每一个老板打招呼，使他们全都拒绝雇用富兰克林。

富兰克林打听到300公里之外的纽约有一家印刷厂，便打算到那里去做工谋生。

然而，公开离开波士顿是不可能的。因为在富兰克林提前离开哥哥的印刷厂这件事上，他们的父亲是维护哥哥的权益，而且那是合同

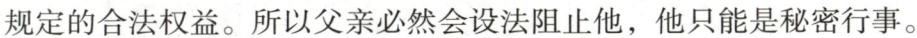

规定的合法权益。所以父亲必然会设法阻止他，他只能是秘密行事。

于是富兰克林去找他的好朋友格林商量，格林也很同情他的遭遇，并答应帮助朋友去找船。两个人商量后决定，富兰克林乘第二天的船走，因为他的哥哥第二天要有事出去。

就这样，格林去找船，富兰克林回家悄悄地收拾行李。

第二天一早，富兰克林装作像平时一样，帮忙干活，可是他心里却很着急，用眼睛不时地看哥哥，因为他知道他每天都一定会出门的，所以他现在盼着詹姆斯赶紧出门去。

随着时间一分一秒地过去了，与格林约好的时间马上就到了，可是哥哥似乎还没有出去的意思。富兰克林的心不由得跳了起来，这下怎么办才好呢？

这时，正好一个邮差来送信了，詹姆斯看完信后，拿起了帽子，像往常一样吩咐着富兰克林，然后走了出去。不一会儿，门外传来了格林的口哨声，富兰克林听见了两人约定的暗号，赶紧爬上自己住的小阁楼。

富兰克林用绳子把自己的行李物品从窗子吊下去，又趁人不注意悄悄溜了出去。然后，富兰克林和格林两个人抬着他的行李向码头走去。在路上为了筹集路费，从小爱书如命的富兰克林不得不把自己珍藏多年的一袋子藏书卖掉了。

1723年9月底10月初，17岁的富兰克林登上了一艘去往纽约的帆船。富兰克林一边向好朋友格林挥手告别，一边望着眼前渐渐模糊的波士顿港，心中默默念道："告别了，印刷厂！再见了，故乡！我一定会开创自己的一番事业再回来的。"

远离家乡遇到知己

这是富兰克林第一次出远门，他的心情还是非常兴奋的，所以旅途中并不感到无聊。

现在的富兰克林感到一下子没有了任何束缚和羁绊，天地一下子变宽了很多，他感到自己在天空自由翱翔。三天后，富兰克林的双脚踏上了纽约的土地。

当时的纽约市区，虽然比波士顿还要小一些，但却是一个恬静而美丽的城市。可是对于初到异地的富兰克林来说，哪有心思去观赏美丽的风景。面对这个人生地不熟、举目无亲的城市，他最想做的事情是马上去找一份工作来填饱肚子。所以，富兰克林一边向人打听，一边直奔城里的印刷厂，最终他找到了那里的老板威廉·布鲁德。

布鲁德原来是宾夕法尼亚的第一家印刷厂老板。几年前，他将在费城的店铺留给了儿子经营，自己迁到纽约开了一家新店。在听说了富兰克林的来意后，老布鲁德说他那里的生意不多，人手已经够用，所以他不能雇用富兰克林。

富兰克林听老板这么说，心里一下子凉了半截，不知道自己该怎么办才好。

老布鲁德明白了这个小伙子的意思，善意地说，他在费城的儿子那儿，现在正好缺少一个帮手。如果富兰克林愿意到费城去，小布鲁德可能会雇用他。

富兰克林有些迟疑，因为刚刚到达纽约，又要转向别的地方，心里不免有些犹豫。

老布鲁德大概看懂了他的心思，于是给他打气说："小伙子，每个人出来闯天下都不可能是一帆风顺的，只要自己有本事，最终到哪里都能建立一番自己的事业。"

富兰克林听了老布鲁德的话后很受鼓舞，于是决定接受他的建议，准备转道去费城。

"孩子，别担心。我会给你写一封信的，你到那里应该没有什么问题的。"老布鲁德说。

"那真是太感谢了！"

老布鲁德一边安排人带富兰克林去吃饭，一边给儿子写了一封亲笔信，交给了富兰克林。吃过饭后，富兰克林带上老布鲁德的介绍信，匆匆赶到港口，准备继续踏上征程，奔赴距纽约一百多公里的费城。

坐船经过昂博依时，富兰克林将箱子和铺盖留在那里交由海路托运，以便减轻陆路跋涉时的重负。帆船继续前行，在横渡海湾时，狂风骤起，撕碎了破烂的船帆，并把无法定向的船吹往相反方向的长岛。

航船渐渐接近了长岛，船上的人向岸上眺望，却发现他们无法靠岸，因为那里的海滩上浪潮汹涌，礁石丛立。富兰克林他们整个一船的人除了等待风势减弱再重新起航外，别无他法。

然而，半夜的时候，船上却出事了。有一个瘦弱的中年人可能有点晕船，还有点发烧，可能半夜想凉快凉快，就晕头转向来到了船头，竟失足掉进了黑乎乎的海里去了。

听到呼救声，船上的人顿时慌作了一团。在这危急时刻，富兰克林毫不犹豫，一头扎进了水里。富兰克林自幼水性就很好，在海里游了一会儿很快就发现了那个人，于是就托起他向船游了过来。

船上的人在上面拉，富兰克林在下面推，终于把落水的这个人救上了船。那个人受此一惊，头脑完全清醒了，当他正准备向救命恩人致谢时，一种似曾相识的感觉使他不由自主地仔细地打量了富兰克林一番。

随后那个人禁不住喜悦地喊了起来："是你啊！小船长，太感谢你了！没想到我们又见面了。"

富兰克林听了这些话后，也不禁打量了一番对面的这个人，原来正是自己有一年夏天在海上划船游玩时遇到过的那个荷兰人。两个人再次见面高兴极了。这时，这个荷兰人从怀里掏出一本浸湿的书，递给富兰克林说："请帮我晾一下好吗？"

富兰克林接过书时顺便看了一眼，不由得又惊又喜。原来这是他所喜爱的《天路历程》的荷兰文本，印刷清晰，字迹工整，实在是一本好书。

这位荷兰人见富兰克林一副爱不释手的样子，便问道："小船长读过这本书吗？"

"小时候读过的，现在还可以背诵一些呢。不过，荷兰版本的却是第一次见到。"

说完后，富兰克林又兴致勃勃地谈起了班扬的这本书的内容和艺术，并说它在欧洲流传极广。

富兰克林的一席话让荷兰人看到了这个小伙子的不同凡响，为了表示自己的敬佩之情，他当即决定把书送给富兰克林作纪念。就这样，富兰克林很快就和这个荷兰人成了无话不谈的好朋友，他们愉快地谈着各自的人生经历，旅途变得不再枯燥无味。

历尽辛苦来到费城

幸运的是第二天海风渐渐小了，因为这艘船得继续留在小岛上等待修理，富兰克林决定在这里搭乘别的船继续自己的旅程，而荷兰人要等这只船修好再走。因此，富兰克林不得不和荷兰人依依不舍地分别了。

"祝你好运，也预祝我们有再相见的那一天！"那个荷兰人对富兰克林说。

就这样，富兰克林踏上了就要出发的船只。

船出发了，富兰克林站在甲板上向荷兰人拼命地挥手告别。远方传来了荷兰人豪放的喊声：

"小兄弟，你有勇气不相信上帝，这是很难得的。但愿你能用实际行动证明上帝是不存在的，那时我们一定会再相见的。"

原来，在船上的时候，富兰克林曾经谈到过自己的信仰问题，他说自己不相信上帝，这给那个荷兰人留下了深刻印象。

又经过一天的航行，富兰克林他们摆渡到了昂博依。

可是，这天夜里，富兰克林突然发起了高烧。现在身边既没有亲友照料，又没有钱财求医治病，这可怎么办呢？

在求生欲望的驱使下，富兰克林按照不知什么时候在哪里读到过的一则偏方，喝下大量的凉水。出了大半夜的汗以后，第二天早上，富兰克林的高烧竟然退去了。富兰克林非常庆幸自己的聪明和运气。

第二天，船只终于抵达了大陆。富兰克林在岸边看见一位正在打水的妇女，于是向她打听一下路程。原来，从这里步行五十公里到达名叫伯伦敦的小镇，然后从那里可以乘船直接到达费城。

富兰克林听了妇人的话很是高兴，于是他在附近找了一家小饭店，饱餐了一顿，就放开大步，朝伯伦敦的方向走去。刚刚走了没多远，天空中忽然雷电交加，顷刻间下起了大雨。富兰克林向四周望去，只见白茫茫的一片水帘。

富兰克林急忙跑到一棵大树下避雨，轰隆隆的雷声震撼着空旷的大地，令人毛骨悚然。直到雷声过后，雨渐渐淅淅沥沥地变小了，富兰克林才继续赶路。

中午时候，精疲力竭的富兰克林来到了一个小村庄，因为实在是走不动了，他决定找个地方歇歇脚。刚刚走到村口，富兰克林就看见一群人围着什么议论纷纷的，一个满脸皱纹的老太太正坐在地上哭得死去活来。

边上有几个老年人，他们不停地在胸口画着十字，口中念念有词："主啊，原谅我们吧！"

富兰克林满怀好奇地挤入人群中一看，只见地上躺着一个人。一打听才知道，原来是这个哭泣的老妇人的独生子。老妇人孤苦伶仃，平时就靠这个孩子生活。谁知刚才又是打雷又是大雨的，他的儿子到树下避雨，结果被雷电击死了。

富兰克林满怀同情，目送着老妇人被人搀扶着回家去了，他心里却愤愤地想："雷电真是不长眼睛啊，竟然也来欺负这么孤苦无依的老人，更别说什么上帝啦！"

第二天，富兰克林已经赶到了距伯伦敦十多公里的地方，当晚在一家客店住下。稍作停留，富兰克林又匆匆赶到了伯伦敦，但开往费城的定期航船在他到达前不久已起程离港，下一班去费城的船要到下星期二才有。

心情沮丧的富兰克林回到城里，找到刚才去码头路过时曾卖给他姜饼的老妇，向她讨教自己该怎么办。

老妇人是一位热心肠的人，腰际围着一个大围裙，当她看见这个青年满脸风尘、吃东西时狼吞虎咽的样子，知道是一个饥饿过度的外乡人，很是同情。这个老妇人让富兰克林等一会儿，然后她从自己家里端出了一碗热乎乎的肉汤，送给富兰克林喝。

富兰克林谢过了老妇人，连日的劳累饥渴使他也顾不上多说什么了，端起汤就大口喝了起来。直到喝完了这一大碗汤，富兰克林肚子里才有了饱的感觉。只是到这时，他才闻出来刚才自己喝的竟然是一碗肉汤。

这时富兰克林忽然想起了那个死了儿子的老妇人，他于是对面包铺的老妈妈讲起了雷电击死了人的事。

谁知老妇人听了富兰克林的话后脸色陡然间变得灰白，连连说道："真是罪过啊，不知上帝又该惩罚谁啦！"

富兰克林看见人们一提到雷电就赶紧说上帝，心中真是又好气又好笑。此时的他暗下决心，自己一定要解开雷电之谜。

最后，老妇人请富兰克林住在自己家里，等候班船。

富兰克林也别无他法可想，只好接受了老妇人的邀请，留在了老妇人的家里。老妇人招待富兰克林吃了一顿牛肉饭，富兰克林则拿出一壶啤酒给老妇人作为答谢。

富兰克林整整睡了一个下午，傍晚醒来时，精神体力已完全恢复了。在老妇人的指点下，他来到河边散步。望着静静的河水，富兰克林禁不住想起了老父亲，此刻或许正站在河边盼望自己回去吧！

正在富兰克林胡思乱想的时候，前面的一阵喧闹打乱了他的思路，他看见一条小船靠岸了，许多人从船上下来，然后河边又有许多人拥了上去。这条船会不会去费城呢？富兰克林忽然想到，于是他加快了脚步，走上前去询问。

当船上的水手告诉富兰克林这条船正好就是去费城的时候，富兰克林不由得喜出望外。等富兰克林搭乘上了这条小船，才想起来还没有和面包店的老妇人道别。可是时间已经不够了，下次来这里的时候，再向她问好吧。

船很快出发了，因为当时海面无风，所以只好靠划桨前行。富兰克林很久没有划过船了，所以自告奋勇地划起了桨。

海面上波光粼粼，富兰克林一边划船，一边思绪飘了好远，仿佛又回到了自己的童年时代。

第二天一大早，也就是星期日上午八九点钟，船在费城的市场街码头靠了岸。因为富兰克林划船了，船长说不收他的船钱了，可是富兰克林还是坚持付了一半的船钱。

费城终于到了。富兰克林现在要准备新的生活了，他还不知道等待自己的到底是一个什么样的命运，也不知道自己能不能顺利找到工作，但是他对自己的未来仍然充满信心。

富兰克林的样子十分窘迫，但是他顾不得这些了，首要的问题是填饱肚子。划了几个小时的船，他早已饿得饥肠辘辘了。

靠着街上孩子的指点，富兰克林来到城中第二街的一家面包铺，向店家要了三个便士的面包卷。

现在富兰克林只有一元荷兰币外加一先令左右的铜币，所以他不敢多要。不过出乎富兰克林意料的是，他竟然拿到了三个大面包卷，富兰克林还以为店家搞错了呢！

当确信自己没有错时，富兰克林才高高兴兴地拿起面包走了。原来，费城的物价比波士顿低。富兰克林两臂各夹一个面包，手里拿着第三个，一路边走边吃，一直走到了第四街。

可能是富兰克林的动作很滑稽，沿街的人都好奇地打量着他。富兰克林并不在意，继续吃着走着。当富兰克林走到一个拐弯处时，突然听见有人在"咯咯"地笑，于是他顺着笑声望去。

只见临街的窗口站着一位少女，正注视着自己在笑着，富兰克林被笑得有点不好意思了。于是富兰克林就朝着那个少女做了个鬼脸，又引来了一阵大笑。富兰克林被笑得有些不自在了，便转身向另一方

向走去，一边仍在吃着面包卷。

一路经过板栗街和胡桃街的一段，再转了一个弯，富兰克林发现自己又回到了市场街码头。富兰克林搭乘的那只船还在码头，一个同船来的妇女带着孩子还在船上，等待开船继续赶路。

反正自己的面包吃不完，于是富兰克林把剩下的两个面包卷给了那个妇女的孩子，然后离开了码头，向街上走去。

饥饿感消失之后，富兰克林才感到自己太累了，他几乎想一屁股坐在大街边，睡上一会儿。碰巧，街上有许多衣饰鲜明的人向同一个方向走去，富兰克林没有多想就加入到了他们的中间。

这样，富兰克林被带入了市场附近一所教友会信徒的大会堂，又跟着大家坐了下来。

富兰克林早已累得不行了，他甚至都没有看到在会场讲话的人，便已沉沉地睡去。直到有人好意叫醒他，才知道散会了。

至此，富兰克林在吃过了他在费城的第一顿饭后，又睡了在费城的第一觉。富兰克林感觉自己好受了许多，没有原来那样疲劳了。

走出了那个会堂，富兰克林向一位面色和善的年轻的教友会信徒打听，他想知道附近外地人可以住宿的旅店。

在这位信徒的指引下，富兰克林来到了水街，那里有一家非常便宜干净的旅店。在旅店里，富兰克林不顾店里人对他猜疑的目光和询问，独自饱食了中餐和晚餐，酣睡了一个下午和一夜。

第二天清晨，重又精神抖擞的富兰克林尽可能将自己收拾齐整，前往安德鲁·布鲁德的印刷厂。

在安德鲁·布鲁德的印刷厂，富兰克林意外地看见了老布鲁德。原来，就在富兰克林乘船来费城的时候，老布鲁德骑马从纽约先到了费城。

父子俩招待富兰克林吃过早餐，然后告诉他说，印刷厂最近刚添了一个工人，因此不需要人手，但城里的一家新开的印刷厂或许可以雇用他。即使那家印刷厂不要人，富兰克林也可以暂住在这里，干些

零活，直到他找到工作。

听到这里，富兰克林有些踏实了的心又悬了起来，他真的害怕又白跑一趟。

令富兰克林高兴的是，新开的印刷厂老板凯美尔答应可以雇用富兰克林。

果然几天之后，凯美尔要富兰克林到他店里干印刷工作，不久又让富兰克林从布鲁德那里搬出来，住到他那里去。

工作之后，富兰克林发现凯美尔不懂印刷。为这样的老板干活，富兰克林对自己的技艺绝对充满信心。至于住宿的地方，似乎巧得有些戏剧性。凯美尔自己有所住宅，但里面没有家具，还空着。

为了安置富兰克林，他便在自己的房东德里先生家里为新帮工联系好了寄宿。富兰克林第一天搬到房东家去的时候，房东德里先生一家热情地接待了他。

德里先生说："很高兴你来我们家住，请把这儿当成你自己的家，千万别客气。"

富兰克林对房东的热情表示了感谢。

"对了，我还有一个女儿，很调皮的，如果她跟你捣乱，请你别理她。她是个被宠坏了的孩子。"德里先生说。

"朵布蕾，快来见见新来的房客哥哥。"房东夫人向里面喊道。

这时，一个美丽的少女应声从外面跑了进来。富兰克林一看，两个人不约而同地叫了起来。

"呀，原来是你啊！"

"啊，原来是你！"

原来这位朵布蕾小姐，正是那天站在窗口被富兰克林满身狼狈相逗乐了的少女。

朵布蕾一看，那天浑身洋相百出的青年，今天换了一身干净朴素的衣服，一时有些诧异，愣住了。

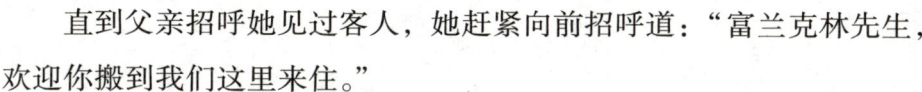

直到父亲招呼她见过客人，她赶紧向前招呼道："富兰克林先生，欢迎你搬到我们这里来住。"

房东见两个年轻人互相认识，也非常高兴。

从此，富兰克林住在这里，和朵布蕾一家人建立起了亲人般的友谊。富兰克林很快就适应了这里的生活。

就这样，富兰克林在费城安顿下来。他白天做工，晚上和城里新结识的喜爱读书的青年们一同度过。

当然富兰克林的工作还是挺忙的，因为凯美尔先生对于印刷这一行，实在不怎么精通。不过，富兰克林也没有抱怨，毕竟这可是好不容易才找到的活儿啊，先把一切稳定下来才行。

由于勤俭，富兰克林很快攒了一点钱，他现在甚至感觉自己的日子过得十分惬意。

可是没过多久，富兰克林也遭遇到一些不愉快的事情，因为他感觉自己的这个老板太过于迷信了。富兰克林本来就对宗教不是太感兴趣，不过他并不干涉别人的信教自由。

一天，老板又在富兰克林面前提到了上教堂的事，富兰克林实在有点烦了，就灵机一动，说："你如果能不吃肉，只吃素，我就信教。"

原来，富兰克林知道老板非常喜欢吃肉，一定戒不掉的，那样他就不会再来烦自己了。

没想到老板竟然同意了，于是双方约定，富兰克林每周都要按时上教堂，而老板要一直吃素。

谁知一个月还没有过完，老板就实在受不了了，他对富兰克林抱怨说，自己要是再不吃肉，就会得病的。他还说感觉自己正在变瘦。其实，老板胖得一走路就要喘气。富兰克林没有说什么，当天老板就又吃上了肉，而且是整整两只火鸡。而富兰克林再也不用上教堂了。

创业路上悲欢情

对于波士顿的亲友，富兰克林严守自己行踪的秘密。他不想才出来，就被家人带回去。所以，富兰克林只给好朋友格林一个人写信，而且还专门嘱咐格林，一定要为他保密。

可是，富兰克林的第一个自由的冬天刚刚过去，他的姐夫却找到了他。看过了姐夫的信后，富兰克林这才知道，因为母亲前一段时间病倒了，格林为了安慰老人家的心，才悄悄把他的地址告诉了姐夫，于是姐夫热情地写了这封邀请他回家的信。

富兰克林立即给姐夫回了一封很坚决的信，在信中，他婉言谢绝了姐夫的好意。最后，富兰克林还请姐夫代为转告父母，不必替他担心，并说自己既然出来了，就想在外面创一番事业再回家。

就这样，富兰克林继续在凯美尔老板这里工作，直到有一天竟然有人找到门上来了。

那天，富兰克林正在和老板工作，忽然听到了外面的敲门声。凯美尔让富兰克林出去开门。门开了，两位绅士走了进来，他们一边用手脱帽问好，一边微微向屋里的凯美尔老板躬了一下身子。

凯美尔先生一看，立即大声惊讶地说："啊，这不是我们的市长先生和艾尔军官吗！今天怎么有时间来到这里啊？"

凯美尔先生一边说，一边让富兰克林去拿椅子。

原来前面这个人就是费城的费斯市长。他一边摆手示意不用客气，一边说："哦，我今天来这里，是为了找一个叫本杰明的年轻人的。"市长一边说，一边环视了一下屋子。

屋子里的光线有点暗，费斯市长才看清屋子里其实只有两个人。

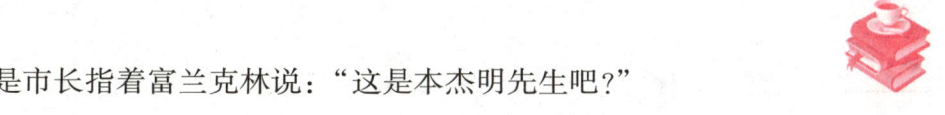

于是市长指着富兰克林说："这是本杰明先生吧？"

凯美尔没有想到，市长竟然是来找自己的小伙计的，于是赶快回答说："是啊，这就是本杰明。"

"快给市长问好。"凯美尔急忙让富兰克林过来。

富兰克林走上前，向市长行了一个礼，然后说："我就是本杰明。请问市长先生有什么事情吗？"

富兰克林不知道这个市长怎么会认识自己，也不清楚他到底找自己什么事情。

"哦，荷尔摩先生你认识吧？"市长问道。

"那是我的姐夫，市长难道认识他吗？"富兰克林反问了一句。

"是啊，我们是老朋友了。今天来找你正是受他的委托，希望你能到我家里来一趟。"市长一边说，一边给富兰克林留下了自己的地址。

最后市长又叮嘱了富兰克林一句："今天晚上 8 点，希望先生准时来啊！"

市长走后，凯美尔老板拍了拍自己这个小伙计的肩膀说："真没有想到，你在这里还有熟人。"

富兰克林正要说自己今天的工作还没有做完呢，凯美尔老板说："你去准备一下吧，这可是到市长先生家里做客。这里的活你不用管了，我一个人就行。"

就这样，富兰克林脱下了工装，回到了朵布蕾家的住处，换了一身干净点儿的衣服。然后，富兰克林拿着市长留下的地址，一个人向市长家走去。

街上的人很多，可是富兰克林却没有多少心思看这些东西，他一边走一边想着市长找自己的事情。富兰克林一边想，一边向前走。在不知不觉中，富兰克林已经穿过了中心广场，从市政府的一侧走过，前面不远就是市长先生的家了。

富兰克林远远看到，市长家是一幢白色的建筑，门前有高大的梧桐树。看看时间，正好准时，他按响了市长家的门铃。这时有一个仆人快步来开门。

富兰克林说明了自己的来意，仆人说市长在客厅等着呢！

然后，在仆人的带领下，富兰克林来到了市长家的客厅。市长看富兰克林进来，从沙发上站了起来。

双方寒暄了几句后，费斯市长下令开饭。这时市长夫人和他们的几个孩子也出来了。席间，费斯市长说起他和富兰克林的姐夫在一条船上干了十年，是非常要好的朋友，前几天接到老朋友的来信，希望他能照顾一下远离家乡的小弟。

富兰克林也讲起了自己的人生经历：自己如何给哥哥当学徒，如何写稿子，如何一个人逃跑出来，如何来到这个陌生的地方打工……

市长听了富兰克林的话，表示了自己的敬意，他为这个年轻的小伙子有这样的胆魄而钦佩不已。

市长说："你不能一直跟着别人打工当学徒。你也要有自己的事业，你可以开自己的印刷厂啊！"

富兰克林苦笑着说："那谈何容易啊！我来这里不是很久，对一切还不是很熟悉啊！"

市长说："这样，你尽管办吧，一切手续我来帮你办。"

"可是资金的事……"富兰克林吞吞吐吐地说。

"资金？资金的事你还用愁吗？你的父亲和哥哥都有自己的产业，他们不是可以为你筹措吗？"

"可是我从离家出走那天起，就立下决心自己凭能力创业，并不想依靠家人的。况且他们根本不相信我有这样的能力。"

"那这样吧，资金的事你也不必发愁，我来为你想想办法。"市长说。稍微停顿了一下，费斯市长又说："这样吧，我给你父亲写一封信，你带给他看，他看过信一定会支持你的。如果他不支持你的话，

你可以再来找我，我一定给你想办法。"

吃过饭后，富兰克林又和市长谈了一会儿话，市长拿起笔写了一封信，交给了富兰克林。然后，市长把富兰克林送到了大门外。富兰克林一边走，一边在心里高兴地想："市长可真是一个大好人，将来我一定会报答他的知遇之恩的。"

回到了自己的住处，这件天大的好事真是让富兰克林难以入睡，于是他想，何不把这件事告诉房东一家呢！此时的富兰克林以自己的聪明和能干，已深深博得了房东德里一家的认同。

而且在这一段时间里，富兰克林与朵布蕾开始了恋爱。他们的关系在一定程度上也得到了德里夫妇的默认。于是，富兰克林就把这件事情告诉了朵布蕾和他的父母，德里一家也非常高兴。

不过，富兰克林还必须回家一趟，这样才能把市长的信带给父母。可是，还不知道他们能不能同意呢！

首先，必须得向老板凯美尔告假，因为这件事情没办成之前，这个工作还不能一下子辞掉。富兰克林只说自己要回家一趟，有些事情需要处理。

凯美尔自从知道富兰克林有了市长这样的朋友后，对富兰克林的态度可以说非常恭敬，富兰克林要请假，哪有不允许的。请好假后，富兰克林就回去收拾东西了。

听说富兰克林要走，朵布蕾难舍难分，她一边帮富兰克林，一边止不住流下了眼泪。

富兰克林说："很快就会回来了，不用担心。"

1724 年 4 月 28 日，朵布蕾把富兰克林送上了开往波士顿的船，富兰克林返回离别了半年之久的故里。

旅途顺利，当富兰克林意外地出现在大家面前时，全家人都喜出望外，父母兄弟姐妹都忙着问候他、款待他。只有一个人例外，那就是他的哥哥詹姆斯。

富兰克林把费斯市长写给父亲的信郑重交给父亲。看过信后，父亲感到有点意外，但一连几天却闭口不谈这件事。

富兰克林的姐夫荷尔摩极力在岳父面前支持市长的看法，他指出让富兰克林开店这一计划是可行的。但佐赛亚认为费斯市长对这事的考虑欠周到，力图让一个尚未成年的孩子去开业是件不靠谱的事。

同时，佐赛亚也有自己的想法，他认为富兰克林只要辛勤劳动，并且能够节俭，只要三年时间就能攒足资金去创业。而且那个时候他正好成年，也不用家人担心了。即便那时，儿子钱不够，他做父亲的，当然会帮忙凑足。

因此，佐赛亚在给费斯市长的回信中，措辞委婉地表示，他不能资助儿子开业，原因是自己的儿子年纪太轻，去经营管理这样需要大笔资金才能开办的企业，是不太合适的。

尽管这样，佐赛亚还是为自己的儿子高兴。毕竟，儿子从当地有声望的人那里得到这样一封满是溢美之词的信，得以在短时间里靠自己的勤奋在举目无亲的环境中安下身来，还是让人感到欣慰的。

富兰克林抽空去看望了哥哥詹姆斯，詹姆斯却冷淡地接待了他。

不过印刷厂的工人们很热情，七嘴八舌地打听费城的各种事情和富兰克林在那里生活的情景。

富兰克林还去看望了好朋友格林。格林听了富兰克林对费城的描述，决定也要上那里去。

格林辞去了在邮局的差事，先从陆路往罗德艾兰去了，而把他的数量不少的书籍托付给富兰克林运送到纽约去。两人约定在纽约碰头，再同去费城。

由于哥哥詹姆斯拒绝和解，父亲只好允许富兰克林仍然回到费城工作。临行前，佐赛亚告诫儿子，在费城应尊重当地人士，不要随便谈论国事，不要说一些不着边际的话，那样会为自己惹麻烦。

于是，富兰克林又踏上了七个月前的离家之路，不同的是这一次获得了家人的允准和祝福。

从纽约，富兰克林和格林同行回到了费城。

德里一家人再次见到富兰克林，都非常高兴，特别是朵布蕾，更是兴奋地拉住富兰克林的手，仿佛有说不完的话。

重回费城的第二天，富兰克林就把父亲的信给市长看了。市长看过信后，显然不以为然，他认为老富兰克林太过谨慎。

最后，市长说："既然他不愿帮你开业，我来帮你。你把必须从英国购买的东西列一张单子，我帮你筹措资金。等你有能力时再还给我。我坚决要让这里有一家好印刷厂，我也相信你一定会成功。"

富兰克林被市长话中的诚意所打动，便列出了一家小型印刷厂所需的设备和物品，价值一百英镑左右。

市长过目以后，又提出由富兰克林自己去英国选购，不仅可以检查各种设备的质量，而且可以借机认识一些书商，为日后出售书籍文具建立某种联系。富兰克林非常赞同他的看法。

在等待去英国选购设备的这段日子里，富兰克林把自己的工作辞掉了，准备要自己大干一场。

同时，富兰克林和朵布蕾的关系越来越亲密，几乎到了谈婚论嫁的地步。但是，结婚的事情却遭到德里太太的反对。德里太太认为，他们太年轻，刚过 18 岁，而且富兰克林即将去英国办事，不知道什么时候能回来，所以现在不能结婚。

经过富兰克林的争取，德里太太说，如果要结婚，必须等到富兰克林回来，自己的店开起来的时候。

不幸滞留英国

去伦敦的日期已经确定，马上就要动身了。但起程之前最重要的准备工作还一直没有完成，那就是费斯市长的信一直未能取到。

市长原来说，他要帮助富兰克林筹措资金；可是他后来又说，会给富兰克林写一些亲笔信，富兰克林到英国后，可以从他的朋友们那里得到资助。

可是，市长指定领取信件的日期一次又一次延后，直到富兰克林要辞行的时候，他还没有得到。就在富兰克林最后一次取信并辞行时，也没能见到市长，而是市长秘书布德博士出来见他。

布德说市长正忙于写信，在开船之前他会到纽卡斯尔去把信件交给富兰克林。富兰克林听后，这才放心离开了。他想，市长先生也许真的太忙了吧！

回到住所，富兰克林和朵布蕾依依惜别，又辞别了朋友们，便登船离开了费城。

不久，富兰克林乘坐的船在纽卡斯尔停靠了。富兰克林上岸去找费斯市长。富兰克林到当地政府一打听，果然，费斯先生在纽卡斯尔城，然而他公务缠身，根本就没有时间见富兰克林。

这次还是市长的秘书出来，传达了市长的口信，并说将把信送到船上去。富兰克林只得回到船上，一心等信。船开前，一个人来到船上，他在向富兰克林招呼。富兰克林一看，原来是艾尔军官，他曾经和市长一起到过富兰克林工作的印刷厂。

艾尔军官说，市长让送来的信已经交到了船上，到时找船长拿就行了。说完这些，船也要开了，艾尔军官下了船。

船行了一会儿，富兰克林向船长要那些委托自己面交的信，船长答应到达英国前让他去拿。

但是，在船已驶入英吉利海峡，航程即将结束时，富兰克林从信袋中翻寻，却找不到一封托他面交的信。富兰克林拣出六七封信，从笔迹看有可能是与他有关的信，因为其中有一封是写给皇家印刷厂的巴斯克特，另几封是写给文具商人的。

1724年12月24日，商船在伦敦港口抵岸，富兰克林下了船先按信封上的地址找到一个文具商，把信交给了他。

文具商拆信看过，却愤愤地说："哼！这家伙完全是个骗子。我已和他没有来往，我也不收他的信。"

说着，文具商人把信退给了富兰克林。

虽然在文具商那儿碰了一鼻子灰，但富兰克林并没灰心，他想："也许店主与市长有过什么误解还没消除吧，我可以再去找别人的。"

于是富兰克林按照信封上的地址又来到了一家文具店。

老板看完信后，冷笑着说道："什么市长，这个该死的大骗子，他还欠我500英镑没还呢！怎么，你是来替他还钱的吗？"

富兰克林听了这些话后，仿佛一盆凉水从头上浇了下来，满怀诚意的市长，怎么会欺骗自己呢？

抱着最后一丝希望，他又找出了两封

信，准备再去试试看。谁知打听了半天，信封上的那两个地址压根儿就不存在。

此时的富兰克林才从梦中醒来，原来自己是被市长的酒后戏言愚弄啦！

现在自己一走几千公里，横渡大西洋，来到这个人生地不熟的地方，不但自己的梦想无法实现，现在恐怕自己的吃住都没有着落了，更别提回费城的船票啦！

这下子该怎么办呢？好在年轻人生来乐观，而且有自从离家以来的许多经历，使他并没有因此而被吓倒。

富兰克林首先找到了一个叫杜诺的先生。这是他在船上新认识的，虽说刚认识，他们已经非常投缘。杜诺先生是一个商人，他来英国办点事，在船上分手的时候，他告诉富兰克林如果有事，可以找他，并给了地址。

找到杜诺先生后，富兰克林说了自己的事情。

听了富兰克林的遭遇，杜诺先生首先表示了同情，同时他说："那个市长肯定是一个骗子，别对他抱什么期望了。"

"可是现在，我该怎么办呢？我还怎么回费城呢？"富兰克林向有经验的前辈请教。

"既来之，则安之。伦敦是一个十分繁华的城市，印刷业也是相当繁荣的。你可以到印刷厂找一份工作，先解决燃眉之急。"杜诺先生提出了自己的建议。

富兰克林点头称是。

杜诺先生继续说："你在费城和在伦敦不是一样，都要远离家乡吗？既然来到了伦敦，正好一面谋生，一面再多积累一些印刷方面的知识，将来回到北美去开创自己的一番事业。"

为了维持生存和积攒回费城的费用，富兰克林听从了建议，开始在伦敦找工作。

还好，富兰克林很快便在巴托洛巷的一家著名印刷厂找到了工作，印刷厂的老板叫萨缪·博姆。

在印刷厂，富兰克林的任务是为伍莱斯顿的《自然宗教》第二版进行排字。在排字过程中，富兰克林发现伍莱斯顿有些理论的论证相当不充分，于是他便写了一篇短短的哲学论文，名字叫《自由与贫困、快乐与痛苦论》。

通过这篇文章，富兰克林批评了伍莱斯顿的那些理论。老板博姆夸赞，这个年轻人不简单，是个有才能的人。

富兰克林将自己写的文章印了100份，馈赠给了一些朋友，其中有一份偶然落入了一位外科医生手中。

这名医生名叫朗思，他曾写过一本《人类判断的不谬性》。朗思看过富兰克林的文章后，感觉写得非常好，主动和富兰克林联系，并很快熟识了。

不久，通过朗思，富兰克林又认识了其他一些英国人，如《蜜蜂寓言》的作者伯纳德·门德威尔、文学博士朋伯敦。

从此，富兰克林开始和英国的知识界人士交往。

当时富兰克林每个月拿到工资后，一定会去书店买书。这个身居异乡的游子，尤其对于记载有关雷电的书籍异常感兴趣。

富兰克林一直如饥似渴地探求着雷电终究是什么东西，但是没有一本书能够解开这个谜团。

《希腊神话》里面把雷电说成天帝宙斯的武器。教会的经书上则宣称，雷电是上帝发怒的表现。这些都是神话的幻想和宗教的偏见，富兰克林不相信这些，可是又说不出雷电产生的真正原因。

但是，富兰克林并没有因而放弃探求真理的决心，只要一有空余时间，他仍然坚持去书店看自然科学方面的书籍，希望找到一些更合理的解释。

一天，富兰克林在书店里结识了一位彬彬有礼的学者，这就是朗思先生。朗思先生也常来书店看书、买书，与富兰克林渐渐熟悉后，富兰克林才知道他是一位科学家。

于是，富兰克林就恭敬地向朗思请教："先生，您能告诉我雷电究竟是什么东西吗？"

朗思思考了一下说："一般人都把它当成上帝的怒火。我觉得至今为止比较科学的解释，应该是它是一种气体爆炸。"

"什么，气体爆炸？"富兰克林还是第一次听到这样的解释，显得非常吃惊。

"您的思想可是前无古人啊！先生，您能给我详细说说为什么吗？"富兰克林带着崇敬的神态说。

朗思笑了，他说："这是荷兰科学家布尔哈新近发表的见解。我也是从书上看来的。"

"那雷电究竟是什么气体在爆炸呢？"

"那只是一个推测，还没有具体的实验来证明。不过我相信，那绝不是什么上帝的怒火，你说呢？"

"先生说得太对了。我也很赞成您的说法。"

两个人像相识多年的朋友一样，坐在一起有谈不完的话题。

从那以后，朗思常常邀请富兰克林去家里做客，经常带他去参观自己亲自种植的植物园。

令富兰克林更高兴的是，在此期间，他结交了小不列颠街住处隔壁的书商，并达成了借书协议。因此，富兰克林出了一笔不多的费用，便可借阅书商的任何书籍。

为了寻求更大的发展，1725 年底富兰克林离开了博姆的印刷厂，在一家规模更大的印刷厂找到了一份印刷工的工作。

这家印刷厂叫瓦茨印刷厂，位于林肯协会广场。这个印刷厂仅印刷车间就有工人五十多个，印刷和排字有着明确的分工；机器也是大型的，自动化程度很高。

进入这家印刷厂后，富兰克林成为唯一不喝酒的工人，其余的五十多名工人全都嗜好啤酒如命。

由于富兰克林经常替嗜酒者垫付酒钱，所以在工人们中间威信很高。还由于富兰克林被公认为是一个高明的幽默讽刺家，所以工人们都非常喜欢他。

在排字间工作期间，由于富兰克林排字异常迅速，总是被派完成急件。而这类工作的报酬一般比较高，因此他的生活大大改善了。

另外，富兰克林在瓦茨印刷厂还结识了一位新朋友，这是一个叫伟果的工人。在与伟果的交往中，富兰克林发挥了自己的长项，教会了他和他的一个朋友如何游泳。

富兰克林熟练的游泳技巧博得了伟果亲友们的赞叹和羡慕，加上在学习上两人对同样的问题感兴趣，友情逐渐加深。

最后，伟果向富兰克林提议一同去欧洲旅行，靠在各地印刷厂打工维持生活，得到富兰克林的赞同。不过这次计划最终没有成行，因为富兰克林的忘年交杜诺先生阻止了他们空想的计划。

终于回到了家乡

在伦敦生活的这段日子里，富兰克林和杜诺这位在船上认识的朋友，从未中断过联系。尽管富兰克林和杜诺的年龄差别很大，可是两个人非常投缘，特别是当他们知道了互相之间的人生经历之后，关系就更好了。

杜诺对于富兰克林小小年纪就出来闯荡的勇气，非常敬佩。而当杜诺讲起自己过去的一段经历时，给富兰克林留下了十分深刻的印象。

原来，杜诺曾在布列斯托尔经商亏了本，欠了许多的债，但受到债主的宽恕。后来，杜诺在到美洲做生意挣得了大笔钱财，然后和富兰克林同船返回了英国。

到英国后，杜诺专门设宴，款待了他旧日的那些债主们，以感谢他们当年的善意。因为时间已经很远，而且欠账并不多，所以客人们也别无他图，只不过就像老朋友会面一样，一起吃个饭。

但是一道菜用过，客人们发现各自的盘子下放着一张支票，上面的款额正是当年杜诺未能偿还的债款，还加上了利息。

杜诺的这种诚信精神，深受富兰克林的敬仰。富兰克林认为，杜诺先生的这种为人，是非常值得自己学习的。所以杜诺先生的意见，总能得到富兰克林的尊重。

这次就是这样，当杜诺先生听了富兰克林的计划后，认为没有多少实际意义。他转而规劝富兰克林，认为还是应该做准备，回到费城去。

然后，杜诺告诉富兰克林他自己不久将回到费城，准备在那里开设一家商号，目前正在采购货物。最后，杜诺提出愿意雇用富兰克林为店员，替他管账、簿记、守店，并允诺将来要提拔富兰克林，使他发财致富。

杜诺先生给富兰克林的年薪是 50 英镑的宾夕法尼亚币，当然这只是一时的。富兰克林看中了跟着杜诺先生干的前途，所以毫不犹豫地辞去了印刷厂的工作。

虽然杜诺给他的报酬，还远远比不上他在印刷厂的工资报酬，虽然那个印刷厂的老板非常热心地挽留富兰克林，他最终还是辞掉了工作。

从此，富兰克林开始每天跟随杜诺先生，着手进行在北美开店的各种准备工作。

1726 年 7 月 23 日，富兰克林随杜诺从伯克郡的格雷夫森德上船，向北美洲扬帆而去。

同一年半前初次远航时相比，青年富兰克林已有了很多显著的变化。异乡的生活给富兰克林带来了收获，也留给他了很多创痛，但是这一切都在使他成熟。

富兰克林不再是这条航线上初次出现的愣头青小伙子，而变成一位在人生道路上摸索过也奋斗过，而且最终没有倒下、以为自己的前程一片光明的自信青年。随着前行的船，富兰克林的心也游动起来：多年不见，不知父母亲可否安康？还有自己心爱的姑娘，是否可爱依旧？

望着波涛滚滚的大海，回顾着自己离家几年来的种种遭遇，富兰克林不禁思绪万千，不管人生的道路如何艰难险阻，他都暗下决心，一定要开创一份属于自己的事业。

1726 年 10 月 11 日，富兰克林结束了伦敦的 19 个月的生活后返回了费城。回到费城后的最初几个月，富兰克林一边忙于他的新活计，一边打听家里的情况，还有女朋友朵布蕾的情况。

让富兰克林痛苦的是，他的未婚妻朵布蕾因为一直没有他的消息，早已嫁给了别人，她的父母也搬到外地去了。不过还好，家里一切平安，这也算是一种安慰吧。

这时，杜诺先生在水街租下一家店面，在那里出售从伦敦购回的货物。富兰克林照料生意，跟杜诺学习记账，他们生意办得红红火火，富兰克林也忙得忘记了悲伤。

不料好景不长，1727年2月，杜诺一病不起，不久离世。杜诺去世后，铺子由遗嘱执行人接管，富兰克林失去了在杜诺铺子里的工作。

从英国归来前夕，富兰克林曾经憧憬着自己跟着杜诺学做生意，然后发家致富。可是现在，这个人生远景就像海市蜃楼一样，永远消失不见了。

刚刚年满21岁的富兰克林现在得一切重新开始。

那以后，富兰克林又开始坚持不懈地找起了工作。为了生存，他给商人当过秘书，给有钱人家的孩子当过游泳教练。但都没能干长，因为在他的心底，他还是深深眷恋着印刷业。

费城的姐夫荷尔摩劝富兰克林仍从印刷业谋出路。原来的雇主凯美尔以高薪为条件，希望富兰克林回他的印刷厂。

这主要是凯美尔新开了一家文具店，自己实在忙不过来，而自己的手下没有一个像富兰克林一样成熟的印刷工人，正好让富兰克林替他管理印刷方面的生意，并且可以培养一些熟练工人。

富兰克林很快发现了凯美尔当初苦苦纠缠自己来印刷厂的原因。这些工人几乎都不懂印刷技术，凯美尔用低薪雇用了他们，并答应可以一边干活一边学习技术，富兰克林是来当师傅的。

不过想到眼下也没有什么好去处，富兰克林也就没有说什么，先干着吧。

在这段时间里，富兰克林和以前的诗友们继续往来。此外，富兰克林还认识了城里一些有发明天才的人，并在凯美尔自定的休息日即礼拜六和礼拜日两天读书。

1727年秋天，富兰克林和几个朋友组织了一个交流和切磋知识的团体"共读社"。其中除了富兰克林外，还有几名凯美尔印刷厂的工人。

富兰克林是"共读社"的灵魂。是他组织了这个团体，并指导它的活动，是他提出多数在该社进行讨论的题目。

在"共读社"成立之初，富兰克林提议把大家的书籍集中起来放在聚会的地方。后来经过努力，他们成立了自己的图书馆。

这家图书馆是北美所有订阅图书馆的鼻祖。又有谁会想到它其实是由一伙年轻好学的手工工匠和商人在富兰克林倡导下才办起来的呢！

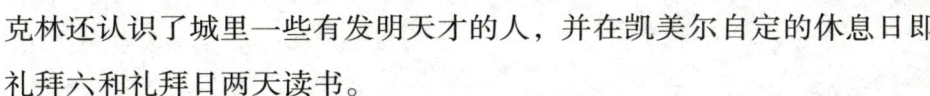

创办自己的印刷厂

凯美尔其实并不是真心想要雇用富兰克林的。富兰克林明白，当自己把工人们教会的时候，也就是自己不得不离开这个印刷厂的日子。

但是，富兰克林还是尽自己所能工作，赢得了店里学徒们的尊敬。当然，最初凯美尔对富兰克林也十分殷勤。

意料中的事情在半年以后发生了，凯美尔对富兰克林的态度忽然发生了变化。凯美尔经常摆起老板的面孔，对富兰克林的工作吹毛求疵。

富兰克林当然不会随便忍受屈辱，终于有一天，他们大吵了起来，富兰克林愤然离去。再度失业的富兰克林本来准备返回波士顿老家，这个时候他的朋友梅兰笛向他提出，回家还不如在这里自己开店。

听了这话以后，富兰克林自己创业的念头又一次在脑际闪现。但是自己开店的最大困难是没有资金。

对此，梅兰笛说："我和凯美尔的合同在明年春天期满，到那时候我们可以在伦敦购置设备运回来。我知道我的技术不好。假如你愿意，你出业务方面的技术，我出资本，所获利润，我们平分。"

因为梅兰笛知道自己的父亲很信任富兰克林，并透露过愿意资助他和儿子合伙开业。

富兰克林欣然接受了梅兰笛的建议。在计划得到老梅兰笛的同意后，富兰克林将需要购买的设备开了一张清单交给老梅兰笛，由他交给一名商人去订货。大家约定，在机器运到之前严守秘密。

可是在这一段时间里，富兰克林也不能一直没事做，他得设法在别的印刷厂找些活干。正当富兰克林找工作的时候，他收到了凯美尔的一封信，信中措辞十分谦恭，他希望富兰克林能回到他的印刷厂继续工作。

原来，凯美尔希望揽到新泽西印纸币的生意，需要富兰克林为他铸造所需的铅字制造雕版。另外，凯美尔还担心城中的印刷业对手布鲁德会雇用富兰克林，因为这样，可是对自己不利。富兰克林在梅兰笛的劝说下回到了凯美尔的厂里。

1728年初，新的印刷设备从英国运到了费城，富兰克林和梅兰笛辞去了在凯美尔的印刷厂的工作。他们在市场街租到一所房子，年租金24英镑。

待到拆开铅字，安装好印刷机，一家属于富兰克林新的印刷厂便要在费城正式开张了。

但是这个时候的费城，印刷行业并不是那么好做。首先是文化气氛远远没有波士顿浓厚，除了神学小册子和宣传品，几乎没有印刷品。

其实就在富兰克林和梅兰笛离开的时候，凯美尔的印刷生意已是摇摇欲坠。因为凯美尔有一个强大的竞争对手布鲁德。

布鲁德是费城邮政局长。借助这个位置，布鲁德可以通过邮差传送他的报纸，借助其官方印刷厂的条件得到为官方印刷法律、公文、宣言、讲话等有利可图的业务，一直立于不败之地。

就是在这种情况下，费城第三家印刷厂，在富兰克林和梅兰笛的共同操纵下，正式开张了。

虽然明知道要面对很多困难，但是富兰克林暗下决心，自己的厂不仅要生存下去，而且还要发展壮大。

富兰克林在开业之初，就对当时费城的其他印刷厂进行了一番比较。他非常清楚，与另外两家老店比起来，自己开的印刷厂的确存在很多缺点和劣势。

但是，自己也不是没有一点优势，至少有一点是其他两家店所不具备的，那就是作为老板，自己不仅仅是一名印刷工匠，还是美洲最好的写作者。

富兰克林相信，只要自己好好发挥这一点，一定会办出自己的特色来，至少不会那么容易被挤掉。另外，富兰克林知道，自己还有"共读社"的兄弟们，他们都是富兰克林的生死之交和支持者。

最重要的是，富兰克林认为自己有一个坚强有力而又雄心勃勃的生意人头脑，与凯美尔的处世怪僻和布鲁德的因循守旧相比，自然略胜一筹。

开业大吉，印刷厂刚成立，"共读社"的布伦特纳尔就为富兰克林揽到一笔生意。

教友会需要印刷四开本的历史书，富兰克林他们的店争取到了40个印张，其余的由凯美尔承印。尽管利润微薄，富兰克林和他的同伴还是尽可能完成得又好又快。他自己一天排好一个印张的字，梅兰笛则将它印出来。

每天，当富兰克林将印毕的版面拆开，然后放回字盘留待次日再用时，往往已是夜里23时甚至更晚。

这样的劳累，当然也免不了出错，因为富兰克林有时真的太瞌睡了。有一天夜里，他排好版，正要下班时，迷迷糊糊就把其中的一版给撞翻了，有两页的活字全弄乱了。

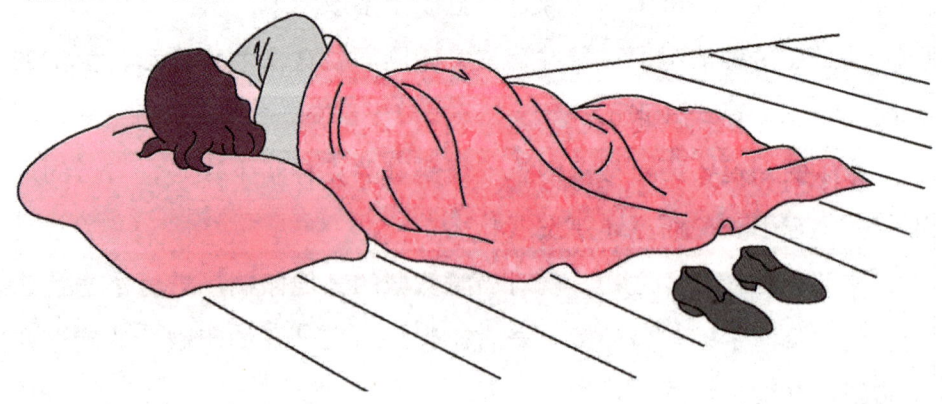

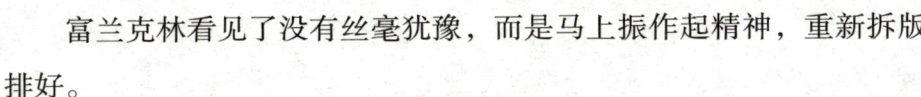

富兰克林看见了没有丝毫犹豫，而是马上振作起精神，重新拆版排好。

等一切都搞好后，东方的天空已经现出了曙光，富兰克林也顾不得那么多了，一头倒在地板上就睡着了。

这样的勤劳，使得富兰克林店里的活完成得既快又好。这样的勤劳，既在街坊四邻中渐有口碑，也在费城人中间赢来了信誉。

随着富兰克林的生意越来越好，他的对手之一的凯美尔生意越来越差，几乎到了要关门的地步，所以他的店已经对富兰克林构不成什么竞争了。这时的富兰克林又有了新的想法，他想要进一步拓展新业务……

出版新的报纸

富兰克林想到的新业务就是报纸，当初他跟自己的哥哥做过报纸，他感觉自己还是能够驾驭的。更主要的是，他感觉这样才更能发挥自己的优势。

当时的费城只有一家报纸，那就是布鲁德的《美洲信使周报》，内容枯燥无味，但因独此一家，仍能获利。面对这样的情况，富兰克林感觉自己的报纸一定能办得起来。于是，他开始着手创办一份自己的报纸。

1729 年 10 月 2 日，富兰克林的报纸《宾夕法尼亚报》开始印行。在很长一段时期中，他既是报纸的印刷者，又是报纸的撰稿人。

富兰克林给作为编辑的自己写信，然后回信。他撰写幽默的讽刺小品，写广告。富兰克林小心翼翼地不去评论市政当局和宗教事务，以免重蹈当年哥哥詹姆斯和自己在波士顿的覆辙，但他却一直坚持出版自由。

这时，那个凯美尔终于支持不下去了，他找到了富兰克林，想把自己的机器和厂房转让给富兰克林。

虽然这个老板讨人厌烦，不过毕竟自己还在他的手下做过那么长时间，还是有点感情的，所以富兰克林就高价收购了凯美尔的店面生意，还把他的工人也接收了。

这样，站在富兰克林面前的就只有布鲁德一个人了。可是这个布鲁德可不是好对付的。布鲁德手里有权，他利用手中邮政局长的职权，命令邮差不得邮递富兰克林的《宾夕法尼亚报》。

富兰克林没有办法，只得暗中贿赂邮差，请他们帮助自己，将报

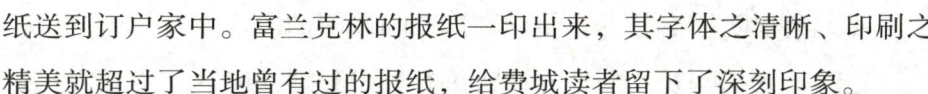

纸送到订户家中。富兰克林的报纸一印出来，其字体之清晰、印刷之精美就超过了当地曾有过的报纸，给费城读者留下了深刻印象。

当时，马萨诸塞州的州长和议会之间正在发生争执，《宾夕法尼亚报》上登出的富兰克林的评论文章引起了一些领袖人物的注意。

由于这些官员们经常谈到这家报纸和它的发行人，等着读下一期的评论文章，这些头面人物在几个星期后都成了新报纸的订户，不少其他的人也效法他们订阅这家报纸。

富兰克林的确发挥出了自己的优势，他的报纸正在不断地增加着发行量。不过，由于布鲁德利用职权干涉，他们的生意还是面对着非常强大的竞争。

不过，一个非常好的机会突然来到了。

当时，布鲁德还是政府部门各种公文、选票、法律条文的承印人。有一次，他把州议会向州长的请愿书印得粗劣不堪，错字连篇。

富兰克林抓住机会，主动将请愿书重新印过，然后给每一名议员寄去一份。精美准确的印刷质量具有最大的说服力。

富兰克林在议会中也有一些朋友，其中包括已从英国返美的律师汉密尔顿。在他们的提议下，议会通过决议，把下一年度1730年宾夕法尼亚州的政府文件交由富兰克林和梅兰笛的印刷厂承印。

外界竞争激烈，内部也不平静。从独立开业办印刷厂时起，事实上业务经营全部由富兰克林负责。梅兰笛不会排字，印刷技术也不精通。虽然他戒掉过饮酒的恶习，但不久又重新喝了起来。

富兰克林的朋友们都认为，富兰克林不应和这样的人合伙。但是富兰克林不愿意就这样和在困难时帮助过自己的朋友分手。

然而，不久后发生的事导致了合伙关系的解除。因为按照当初富兰克林和梅兰笛合伙时达成的协议，梅兰笛的父亲应付印刷设备的费用，但老梅兰笛付了100英镑后便付不出了，而且还欠了一个商人100英镑。

商人向法院提出起诉，使印刷厂面临倒闭的危险。

这时，"共读社"社友科尔曼和格雷斯分别都向富兰克林提出愿意垫付所需款项，条件是富兰克林单独经营。

富兰克林不忍心向曾经帮助自己的梅兰笛提出散伙，事情便又拖了一段时间。还是最后由梅兰笛主动提出退出。

经过商议，富兰克林自愿承担印刷厂的债务，并归还梅兰笛父亲垫付的100英镑，替梅兰笛还清他个人的零星欠款，再给他30英镑和一副新马鞍，然后这家店的全部股权和全部产权都归富兰克林。

办完了手续后，梅兰笛便一个人去了北卡罗来纳，两个朋友就这样好聚好散了。富兰克林借助于另两位朋友科尔曼和格雷斯，成了印刷厂的独立业主。

1732年5月11日，富兰克林印出了他独自经营后的第一期《宾夕法尼亚报》。此后，富兰克林开始逐步还清为了创办印刷厂而欠下的债款。同时，他也注意在公众心目中建立自己是一个勤俭商人的形象。

勤劳、谨慎的经营使富兰克林的生意蒸蒸日上。

1732年，对于年轻的富兰克林来说，是非常成功的一年。就在这一年，他不仅创办了美洲第一所订阅图书馆，而且还出版了他独资经营出版印刷业以后的第一期报纸。

除了这两件事外，富兰克林还做了一件非常有意义的事：富兰克林第一次以理查·桑德斯之名出版了他自编自印的日记，此后一直持续出版了25年，统称为《穷理查年鉴》。

《穷理查年鉴》是一本美国历史上最著名的年鉴，正是因为这件事让更多的人知道了他。该年鉴中包括日历、天气、诗歌、谚语、天文和占星等，还偶尔包括数学演习。

一部好的年鉴可以为出版者带来厚利，使编纂者声名远播。在费城，布鲁德多年来都在出版泰坦·里兹的《美洲年鉴》。

富兰克林则不仅出版过社友托马斯·哥德弗雷从1729年至1731

年的年鉴，还出版了约翰·杰尔曼1731年和1732年的年鉴。

不过，富兰克林还想出版自己的年鉴。

当1732年12月19日，富兰克林宣布并出版了自己的下一年的《穷理查年鉴》时，别家的年鉴已上市出售了一个多月了。

但在短短三个星期里，富兰克林五便士一本的年鉴就印刷了三次，发行数量远远超过了其他年鉴。

富兰克林编纂这部年鉴的用意之一，在于"这是在普通人中间进行教育的一种恰当工具"，因此，他把成语、箴言印在年鉴中重要日子页面的空白上。这些成语、箴言主要是教人们把勤俭作为发财致富并因而获得美德的手段。

《穷理查年鉴》中有很多风趣、世故的成语格言，与人们的日常生活、事务有着千丝万缕的联系，蕴含着浅显朴实的真理和智慧，因此为人们喜闻乐见。

《穷理查年鉴》每年由富兰克林撰写，富兰克林用"穷理查"或刊登"理查·桑德斯"化名。

从1732年至1758年，该出版物不断出现。这是在美洲殖民地出版的最畅销的一本小册子，印数达到每年一万本。

对许多读者来说，除了《圣经》，他们只看富兰克林的年鉴，因为"穷理查"教导人们勤奋工作、诚实守信，同时对事物持有健康的怀疑态度。

当时美国人正在摆脱过去的清规戒律，"穷理查"代表了他们的精神特质，宣告了美国人共同的价值观。

《穷理查年鉴》和1748年以后的《穷理查年鉴修订本》不但风行于美洲，而且风行欧洲。它给富兰克林带来了利润，也带来了声誉。

步入婚姻殿堂

通过几年的艰苦创业，富兰克林从一个小学徒，成长为一个真正的老板。他终于有了自己的事业，而且在一个大城市站稳了脚跟，成为费城印刷行业的重要人物。

然而，事业方面还算成功的富兰克林，在感情生活方面，还远远没有取得自己的成功。在这辛苦创业的几年中，富兰克林天天都在为自己的生意而拼命，几乎没有一点时间想个人的私事。

然而，随着年龄的增长、事业的成功，富兰克林也有了一些空闲时间，而且他的父母也多次向他提到了婚姻的事情。

在这样的情况下，富兰克林也有意找个终身伴侣。可是一想到这个问题，他就会想到自己原来的女朋友朵布蕾。

当初，富兰克林从伦敦回到费城的时候，就寻找过朵布蕾小姐，却发现她已经结婚了。

不过富兰克林也不能责怪别人，因为毕竟自己在英国滞留了太长的时间，而且一直杳无音信。

富兰克林听说朵布蕾的丈夫为人卑劣，朵布蕾结婚以后心情一直闷闷不乐。不久以后，朵布蕾就和丈夫分居了，而且拒绝使用丈夫的姓，因为有人说他另有妻室，住在伦敦。

1728 年，朵布蕾的丈夫罗杰斯因负债跑到西印度群岛去了，传说已死在那里。从那以后，朵布蕾一直郁郁寡欢，离群索居。

富兰克林十分同情朵布蕾的处境，而且总认为是自己的负心和失约铸成了她今天的不幸。同时，回想起往日的恋情，富兰克林在内疚之余，又有些怅然若失，总希望能够重新燃起这段恋情。

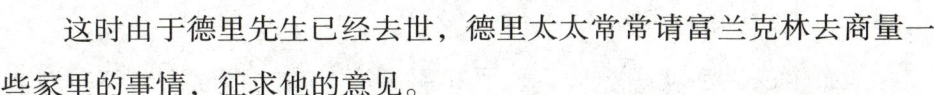

这时由于德里先生已经去世，德里太太常常请富兰克林去商量一些家里的事情，征求他的意见。

富兰克林因此仍能不时见到朵布蕾小姐。每当谈到这件事的时候，德里太太总把责任揽到自己方面，后悔当初不该阻拦他们结婚，也后悔在接到富兰克林从伦敦寄来的信后便以为他不再回来，劝女儿和别的男人结婚。

而富兰克林满怀内疚和同情，逐渐燃起了对朵布蕾的感情。但是，阻碍他们结合的有两件事，那就是罗杰斯另有妻室和罗杰斯已死在西印度群岛这两件事，都非常难以证实。

当然，如果是事实，朵布蕾的那段婚姻便已失效了，富兰克林和朵布蕾的婚事也就顺理成章。但是，当一切还不能确定时，就是另一回事了。

由于这个原因，当富兰克林和朵布蕾于 1730 年 9 月 1 日结婚时，他们没有在教堂举行民间的婚礼仪式，只是按普通法律结了婚。

婚后，朵布蕾搬到了市场街附近的那所房子里，成了富兰克林太太。她的母亲也去和他们同住。

1730 年下半年，富兰克林家有了第一个孩子，是个男孩，取名威廉。两年后，1732 年 10 月 20 日，朵布蕾又生下了一个男孩，取名叫弗朗西斯·福尔吉尔。

1736 年，富兰克林的侄儿小詹姆斯从新港被带到这个家里。1743 年 8 月 31 日，女儿莎拉降生了。此外，店里的各种各样的帮工也不时地在这个家里寄宿和吃饭，富兰克林的家成了一个名副其实的大家庭。

在这一段时间里，富兰克林的生活可以说是非常平静，这是他一生中难得的幸福时光。

富兰克林接待朋友时一般不在家里，而是在酒馆，或更多的是在"共读社"的聚会上同他们会面。富兰克林夫妇和别的商人除了生意上的事，没有别的交往。

朵布蕾的生活就是丈夫、孩子、家和店。在这些年中，富兰克林不怎么外出，他甚至不用外出上班，只是上楼和下楼就可以到达他的印刷厂、他的店铺、他的账房，以及1737年后的他的邮局。

书房在家里，实验室也在家里，富兰克林几乎可以在家中从事他所有的活动。富兰克林夫妇共同努力，使他们的家庭一天天地富裕起来。这一点从家中餐具的变化，就能体现出来。

富兰克林刚结婚的时候，购置的都是价值两便士的陶制粥碗和锡制羹匙。后来，朵布蕾花了23先令为丈夫买一只瓷碗和银羹匙。再到后来，他们拥有了价值数百英镑的银制餐具。

可是平静富裕的生活，并没有消磨掉富兰克林的志向和爱好，他还一直保持着自己的好奇心，总是对一切事物充满兴趣。

在这一点上，富兰克林和那些集毕生精力于某一门学问的专业科学家不同，他一生中都没有把科学研究当作自己不得不做的职业，他只是把科学当作一种爱好。

正由于如此，富兰克林的研究失去了很多的功利色彩，更显示了科学的本色。可以说，富兰克林是在多个方面都非常成功的，他一边思考、研究、写作，一边处理应付商务的、公众的、家庭的各类事务。

从这个意义上说，富兰克林既是伟大的思想家、科学家、外交家，又是个伟大的有着平凡生活的普通人。

组建美洲哲学学会

富兰克林除了自己的生意和家庭生活，还非常关注当时的社会公益。当时的美洲一切还都处在建设之中，所以有很多关系社会利益的事情。

1735 年 2 月 4 日，富兰克林把在"共读社"宣读过的一篇论文《论保护城市不受火灾》，在《宾夕法尼亚报》上发表了。市民见了文章后，赞同"共读社"和富兰克林的意见。不多久，一支 30 人的志愿救火队组成了。

随着个人阅历的丰富和发展，富兰克林的视野也越来越宽广，他的思想也在经历着变化。当初的少年，现在已经成了饱经世事、经验老到的社会名人。现在的富兰克林不再像童年那样对宗教充满嘲笑。

尽管富兰克林并不相信神，但他对宗教人士已经能够接纳和容忍，他甚至与一个传教士成了好朋友。

1739 年，一个叫乔治·爱德福特的传教士来到了费城。他是教派的主要布道者。爱德福特的嗓音洪亮，口才极佳，所到之处，所有的基督徒们，似乎都从昏昏欲睡的精神状态，转而振奋激昂。

富兰克林怀着一种哲学家和慈善家的兴趣，注视着这个爱德福特。他曾这样描述他观察到的情景：

看到我们的居民的风习的变化，真是好极了。从对宗教抱无所谓或冷淡态度，变为看起来仿佛全世界的宗教热情在增长，以至于一个人在傍晚从城里穿过时，可以听到从每条街道的各家各户传出的赞美歌。

富兰克林为爱德福特的宗教热情所感化，也为他的口才所打动，为他修建教堂捐款，为他原先不甚赞成的从费城募捐再到佐治亚去建立一座孤儿院的计划捐了款。但富兰克林始终视他们之间的交情为世俗的友情，绝非教徒对传教士的崇拜。

有一次，爱德福特从英国到了波士顿，因为听说从前在费城接待自己的老朋友已迁往他地，便写信向富兰克林提及不知在费城停留期间能在何处住宿。

富兰克林回答说："你知道我住的地方。如果你不嫌简陋，我们非常欢迎你来住。"

爱德福特说："假如你是看在基督的面上愿意竭诚招待我，上帝一定会以祝福来回报你。"

富兰克林却说："可别弄错了。我不是看在基督的分上，是看在你的分上。"

富兰克林把爱德福特当作朋友，替他印布道书，但就是不能皈依他的教派。爱德福特为富兰克林能皈依本教派而祈祷，但他从来没有满意地相信他的祈祷已应验。

爱德福特对富兰克林真正有意义的影响，是强化了富兰克林关于"全美洲的殖民地"的观念。爱德福特的活动不以某一殖民地为对象，他跋涉在各个殖民地的城镇、乡村，向居民传道，他打算将在佐治亚遇到的问题，借助宾州费城的帮助去解决。

富兰克林曾办过六期的杂志《大众杂志：美洲的英国种植园》，就是在爱德福特离开费城又去佐治亚的那个月宣布的。

富兰克林十分留心美洲的有识之士的所作所为。他内心总有一种由来已久的想法，就是想要把他们集合在一起，如同他在当帮工时把"共读社"的成员集合到一起。

1743 年 5 月 14 日，富兰克林印了一封传阅书信，邮寄给各种各样的通信者，提议他们联合起来，组建一个"美洲哲学学会"，实际上将成为一个州际的"共读社"。费城将是学会的中心。关于成立这个学会，富兰克林是这样看的：

> 建立新殖民地的最初艰辛，使人们的注意力仅仅局限于生活必需品上。那种情况现在已经过去了。
>
> 必须改进牲畜喂养的新方法；从外国引进新品种，对种植、园艺、开垦土地着手改进。

那年夏季，富兰克林访问了新英格兰，但直至 11 月，组建学会才有所进展。在富兰克林积极倡导下，"美洲哲学学会"终于成立。但学会成立之初，不甚活跃。会议按时召开，但未保留会议记录，也没有发表会议摘要。在实行这一计划的过程中，令富兰克林感到最满意的是建立了同科尔登的通信联系。

科尔登对数学、医学、物理学和心理及道德哲学同样精通。富兰克林是在 1743 年夏季去往康涅狄格的途中偶然和他结识的。他们还曾计划合作出版《美洲哲学杂集》月刊或季刊，但由于各种原因，未能实施。

大力扩展印刷业务

1740 年，富兰克林和布鲁德还在开办杂志方面作过一番较量。当时，富兰克林打算仿效 1731 年创办于伦敦的《绅士杂志》，在费城首创一份杂志。

布鲁德闻听此讯后，抢先于 1740 年 11 月 6 日在其《信使周报》上宣布，他将于次年 3 月开始出版《美洲杂志》。

富兰克林则于 11 月 13 日的《宾夕法尼亚报》上宣布，他的《大众杂志：美洲不列颠种植园历史年鉴》将于次年 1 月问世。此后便是一场争办美洲首家杂志的赛跑，最后以《美洲杂志》比《大众杂志》领先三天出版而结束。

《大众杂志》创刊号于 1741 年 2 月 16 日出版，标的日期是 1 月。但这场竞争的结局是以双双失败而告终：布鲁德出了三期月刊、富兰克林出了六期便停刊了。

不甘于失败的富兰克林又将目光转向纽约。

1742 年 2 月 20 日，富兰克林和他的一个帮工詹姆斯·帕克尔签订了合伙经营的合同，他提供设备运至纽约，并对在那里的业务出三分之一资金，分享三分之一利润，由帕克尔在那里发展业务。

帕克尔在威廉·布鲁德退休后，接办了他的《纽约杂志》，并于 1743 年成为那一州政府的承印商、耶鲁学院的印刷商；并于 1755 年 4 月 12 日，在设于纽黑文的印刷厂创办了《康涅狄格杂志》。

当时，富兰克林已不从事活跃的商务活动，但仍是帕克尔生意的合伙人。早在 1742 年以前，富兰克林就开始在外地开办合伙业务。1733 年，他派了他店里的一名工人到南卡罗来纳的查理斯敦，准备

创办一家印刷厂。

富兰克林提供给这名工人一台印刷机和一些铅字，并签订了一份合伙合同，按照合同规定他负担在那里营业的三分之一的费用，也获得三分之一的赢利。

但是，这名工人不懂会计，尽管有时他汇款给富兰克林，但从来不曾向富兰克林报告其收支账目。这人死后，由他的妻子继续经营那家印刷厂。

在南卡罗来纳合伙经营的成功，鼓励了富兰克林在其他地区开办分厂。在富兰克林的合伙人中，两个是他的侄子，其中一个是他哥哥詹姆斯的儿子。

詹姆斯后来将他的印刷厂从波士顿迁到了新港。1736 年，当富兰克林离乡十年后返回波士顿探亲并顺路看望他时，弟兄俩之间的嫌隙早已冰释。詹姆斯还托弟弟在自己身后照料儿子和家庭。

此外，富兰克林还在北卡罗来纳、佐治亚、费城附近的兰卡斯特、多米尼加、牙买加的金斯顿有合伙人。在兰卡斯特、多米尼加，富兰克林还办了《自由港报》。

但是，富兰克林在 1748 年以后的合伙经营业务量都不大，与其说是从中赚钱，不如说是起了鼓励当地印刷业和印刷商的作用。

富兰克林最主要的合伙人是纽约的詹姆斯·帕克尔和在费城的大卫·霍尔。

对大卫·霍尔，富兰克林在他 1748 年 1 月 29 日给朋友的信中这样写道："我也采取了适当的措施，以得到闲暇，享受人生和我朋友的友谊。我已把我的印刷厂交由我的合伙人大卫·霍尔经管，因而完全脱离了经营，迁到了城中较为安静的地区。"

是大卫·霍尔成为富兰克林的工头后，他的《穷理查年鉴》才成了《穷理查年鉴修订本》。

在 18 年的合伙经营中，富兰克林平均每年得到 467 英镑的进账。

不过，直到 1766 年，富兰克林的商号才开始被称为"富兰克林和霍尔"商号。

作为出版商和读书人，富兰克林不仅办报，还出版印刷书籍。他出版了伊萨克·瓦茨的赞美诗、乔治·韦伯的作品、托马斯·哥德弗雷的单页年历等。

还有被富兰克林视作他印刷技术的代表作的詹姆斯·卢格尔翻译的两本德文书。另外还有《共济会宪章》、《每个人是自己的医生》、《绅士的铁匠》、狄福的《家庭指导书》和理查德·森的《帕米拉》。最后一本书《帕米拉》是美洲出版的第一部长篇小说。

富兰克林或是为了获利，或是为了友谊印出的出版物中，除了《宾夕法尼亚报》以外，十有八九是短命的。

现在看来，由富兰克林出版的印刷品中，最有纪念意义的是对开本的《印第安人条约集》。因为在这本书中，保存了有关消失了的该民族各国家的丰富的文件。

富兰克林的印刷业和出版业由于他所具有的特有的优势，在白手起家的基础上兴旺发达起来。一个生意人和手工工匠，是他踏入人生旅途时和他在前半生扮演的重要角色。他在经商方面取得的成功，为他一生中其他重大成就奠定了坚实的基础。

热爱科学

即使我相信自己能够完全克服骄傲，但有时候很可能又会因自己的谦逊而忽略它。

—— 富兰克林

改造取暖火炉

经过了十几年的辛勤劳动，富兰克林现在终于可以过上安定富足的生活，不必像以前那样整天为衣食奔波了。

稳定的生活，带来了充裕的时间，使他有可能阅读他那心爱的书籍了。费城图书馆是他经常光顾的地方，一去就是大半天。富兰克林的好朋友朗思每年从伦敦寄来一大堆新出版的书籍，捐献给图书馆。

1742 年冬天，富兰克林在图书馆里找到了一本劳勃脱·鲍伊尔写的《鲍伊尔讲义》。其实，这本书富兰克林很早就读过了，不过那时他还是个小孩子，所以许多问题根本就没有看懂，更别说全部领会书中的意思了。

现在富兰克林又见到了这本书，就像见到了好久不见的朋友一般，分外亲切。于是他办了借书手续，兴冲冲地带着讲义，回到家里。

朵布蕾像往常那样高高兴兴地接待着他。她既是贤内助，又是协助他奠定事业的好帮手。朵布蕾知道富兰克林酷爱读书，又热衷于公益事业，他的每秒钟都是珍贵的，因此她总是尽可能把家务和印刷厂的业务承担起来，使丈夫有更多的时间去读书和为公众做一些有益的事。她不仅热爱着她的丈夫，而且对他怀着深深的敬意。

富兰克林一踏进起居室，就看到壁炉里已燃起了熊熊的炉火，壁炉前放着一只高背的摇椅，摇椅旁有一只小茶几，上面摆着咖啡杯、糖罐和牛奶壶。

朵布蕾接过了丈夫的大衣和帽子，挂到衣架上，然后到厨房煮咖啡去了。

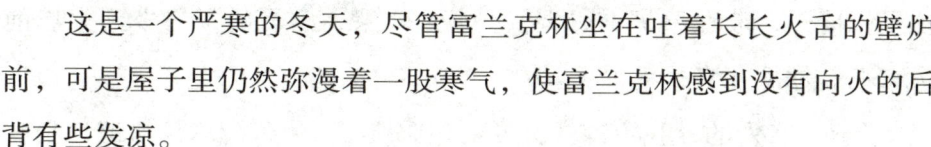

这是一个严寒的冬天，尽管富兰克林坐在吐着长长火舌的壁炉前，可是屋子里仍然弥漫着一股寒气，使富兰克林感到没有向火的后背有些发凉。

不多一会儿，朵布蕾端着咖啡壶回到屋里。她把滚烫的咖啡斟到杯子里，放上糖和牛奶，顺手拿汤匙在杯子里搅了几下，然后把杯子递到富兰克林的手里。

富兰克林正在专心地读书，突然一阵扑鼻的咖啡香味，送到他的鼻子里，转移了他的注意力。富兰克林知道自己的妻子给自己送咖啡来了，他抬起头来，感激地对朵布蕾笑了笑，并接过了咖啡杯。可是当他的手指接触到他妻子的手指时，只觉得她的手指简直像冰一般冷。

"啊，你怎么啦？你的手为什么这样冷？"他关切地问。

"哈哈！"朵布蕾笑开了。她是一个心情开朗的女人，对什么都是乐呵呵的。

"还能怎么了，天气冷呗！你看我不是挺好嘛。"朵布蕾笑着说。

这原是一句极平常的话，可是对爱动脑筋的富兰克林来说，却引起了他的深思。

富兰克林刚从鲍伊尔的讲义里读到了这样一段话："最惊人的发现，都是经过人们不断的仔细观察而来的，而且不一定要用很精密的仪器去做实验，只要从一个配备齐全的厨房里挑选一些合用的东西就行了。"

富兰克林端着热气腾腾的咖啡，面对着熊熊的炉火，心想："是呀，美洲的天气确实很冷，尤其是今年。屋里虽然生了炉火，可是那炉火只能使坐在近处的人感到温暖。譬如拿刚才的朵布蕾作为例子吧，她和我同在一间屋子里，我坐在壁炉前感到热，她坐在离壁炉远一些的地方，她的手就冻得冰冷。"

一边想着，富兰克林一边回头看了看坐在窗边干活的妻子，顺手拉了张椅子，放在壁炉前，温和地说："朵，亲爱的，请坐到火炉前边来吧。你那儿真是太冷了。"

"不，亲爱的，我不冷。你安心看书吧。"朵布蕾总是悄悄地坐在离丈夫较远的地方干活，以免影响他的安静。可是他那睡在摇篮里的女儿莎拉，却不体会她妈妈的苦心，"哇哇"地哭了起来。

富兰克林爱他的儿子，可是更爱他的女儿。他一听到莎拉的哭声，立刻放下书本，走到摇篮边，把女儿抱了起来。他亲了亲女儿的小脸。她的小脸蛋儿也是冰凉的。

"朵，你快来看看，小莎拉的脸都冻紫了呢。"他心疼地说。

朵布蕾听说小女儿受冻了，慌忙丢下手里的活计，接过孩子，把她裹在自己身上的羊毛围巾里，边拍着孩子，边在富兰克林刚才拉过来的那把椅子上坐下。

孩子安静下来了，不多一会儿又呼呼入睡。

富兰克林在壁炉里添了几块木柴，又坐下来继续思考。

屋外呼呼地刮着凛冽的寒风，恰好跟壁炉里"噼啪噼啪"冲向烟囱的火势，相互唱和。

风大了，燃料的消耗也增快了，如不及时添上木柴，炉膛里一会儿就只剩下一闪一烁的余烬。

有时还会忽然起一阵风，从烟囱里倒灌进来，闹得满屋都是黑烟，把人呛得又是眼泪，又是鼻涕。

"这种老式壁炉真的是太老了，有点不实用了。应该制造一种新的更实用的火炉了。"富兰克林想。

"这些木柴燃烧得很好，可它只给人以心理上的温暖，实际上它的热气百分之九十九都从烟囱里跑掉了。如果我把壁炉的炉膛拿出来，放在一个金属制成的圆形的或方形的箱子里，然后在前边开一个炉门，后边安上排除废气的管子，使空气形成对流。

"这样，新鲜的空气通过炉膛，帮助已经燃烧着的燃料充分燃烧，

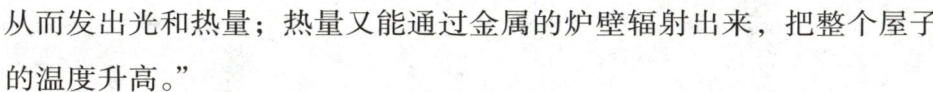

从而发出光和热量；热量又能通过金属的炉壁辐射出来，把整个屋子的温度升高。"

于是富兰克林开始设计一张又一张的草图，直至他认为合乎科学、切实可用为止。

他把图纸交给劳勃脱·格雷斯。格雷斯是费城的一个铁匠，也是富兰克林的朋友。他仔细地按着富兰克林设计的图样，制成了世界上第一只富兰克林式的火炉。

实践证明，富兰克林设计的火炉确实比传统的壁炉优越得多。

富兰克林又在《宾夕法尼亚新闻》上登了一条广告，向读者们推荐他那新设计的火炉。

费城总督汤姆斯对富兰克林式的火炉极为满意，他愿意授给富兰克林专利权。

"祝贺您，富兰克林先生。您这一发明使严寒失去了威力，以后我们不再为它的降临而发愁了。"总督热烈地向发明家祝贺说，"这是您的发明，我想您应该申请专利权。"

"谢谢您的好意，总督先生。"富兰克林谦逊地说，"不过我不需要专利权。我只是遵照着鲍伊尔先生的教导，做了一次小小的物理实验罢了。"

"是呀。可是这是一次成功的实验，您为人类造了福，所以您应该拥有专利权，作为我们对您的发明的酬谢。"汤姆斯诚恳地说。

"酬谢！不，总督先生，如果您原谅我直言不讳的话，该受我酬谢的人可多着呢。难道我们在日常生活中享受别人的发明还少吗？所以，总督先生，我觉得，要是我做出了一点小小的发明，我应该把这个发明慷慨地献给大家，作为我享受别人发明的酬谢，您说是吗？"

富兰克林的一席话使总督深为感动。他对富兰克林本来就深怀敬意，通过这件事，他对这位发明家更加器重了。

发明自动烤肉机

自从革新的火炉问世后，富兰克林几乎把精力全集中在科学研究上了，他把印刷厂的业务搁在了一边。

他在美洲已经拥有好几个印刷厂了，不过大多由他的经理或是合伙人去经营，后来他甚至把这些印刷厂转让给他们。因为他现在已经吃得饱、穿得暖，不需要把宝贵的时间花费在商业上了。

他始终记着劳勃脱·鲍伊尔的忠告："最惊人的发现，都是经过人们不断的仔细观察而来的。"

可不是吗，一只苹果从树上掉下来，原是一件平凡的事情，多少人看到这个现象，都没有引起注意，只有牛顿却认为这里一定有一个什么道理。经过观察、思考、实验，牛顿终于在物理学上发现了万有引力定律。

世界上这样的科学家还真不少呢。雷吉蒙腾、哥白尼、伽利略都是最好的榜样，富兰克林决心向他们学习。

他观察周围的事物，希望从这些观察中做出一些对人类有益的改革或发明。他又如饥似渴地阅读着其他科学家的著作，用它们来充实和丰富自己的知识领域。每次有什么心得，他总愿意在"共读会"上提出来，供会员们讨论。

富兰克林从不把获得的知识占为己有，而是慷慨地传授给别人。

不仅如此，富兰克林还是个慷慨的主人。每当有客人来访，他总是盛情款待。这可忙坏了他的夫人朵布蕾，在厨房里团团打转，煮呀，烧呀，烤呀，煎呀，真是忙个没完。

按照当时美洲的习俗，凡是烤的东西，譬如说烤鹅、烤肉等，都

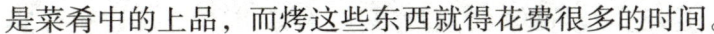

是菜肴中的上品，而烤这些东西就得花费很多的时间。

一天，家里来了一个客人，是市议会的议员。他为了地方上的一件公益事情，来征求富兰克林的意见。主人陪着客人在客厅里讨论着各种方案，主妇则在厨房里忙开了。

朵布蕾是个治家有方的好主妇，她把一家子的生活安排得有条不紊，什么时候起床，什么时候进餐，都有一定的时间。可是今天，她把进餐的时间推迟了两个多小时。女主人朵布蕾不好意思地向客人表示歉意。

"没什么，富兰克林夫人，我们只顾讨论问题，把什么都给忘了。"议员打趣地回答，"现在经您这么一提，我倒真有些饥肠辘辘了。"

"那么请入席吧，议员先生。"富兰克林邀请着说，"我们边吃边讨论吧。"

于是宾主们一边吃着美味的饭菜，一边高谈阔论着。

事后富兰克林才知道那天推迟开饭的原因：原来厨房里只有朵布蕾一人，一时忙不过来，竟把一只嫩鸡烤煳了。

朵布蕾的烹调手艺，可以算得上是一等的，她自然不愿意让客人去尝带着煳味的烤鸡。无奈，她只得重新配料，另烤了一只鸡，所以耽误了开饭的时间。

"原来是这样。"富兰克林心里又琢磨开了，"别瞧这小小的厨房，里边的活儿可烦琐呢！主妇只有一双手，往往顾此失彼，忙不过来。如果能有一架自动的机械设备代替人力劳动的话，就能大大减轻主妇的工作。"

傍晚，富兰克林背着手，在街上散步。太阳已经偏西了，鲜红的晚霞把大半个天空染成一片火海。

晚风轻拂着他的长发，吹散了他一天的疲劳。他走着走着，猛地想起了小时候在波士顿看到的磨坊里的风车。

"啊，风车！这不是很好的动力嘛！只要改装一下，我看准行！"一个主意掠过他的脑海。

富兰克林匆匆回到家里，在书桌旁坐下，专心地设计起图样来。

过了几天，他搬来了梯子，拿起铁凿和锤子，在厨房的墙上，"砰砰"地敲了起来。

"你这是干什么？"朵布蕾不明白她丈夫葫芦里卖的什么药，惊奇地问。

"啊，给你安一个自动设备呗。"丈夫在梯子上对她眨了眨眼，神秘地回答。他打算给妻子来一个"出其不意"。

"什么自动设备？"妻子问。

"你回头一看就知道了。"依旧是一个不得要领的回答。

一会儿墙上被凿开了一个小洞，小洞外边安上一个精巧的小型风车，风车的轴从厨房里伸出来，轴上挂着长长的传动带，直接连在下面烤肉架的把手上。

风吹动了外面的风车，轴承上的传动带带动了烤肉架的把手，于是烤肉架就不断地均匀地旋转起来了。

"瞧，朵，这台自动装置怎么样？还能凑合着使用吧？"富兰克林笑着对妻子说。

"哦，你真了不起！"朵布蕾看到这台自动烤肉机，高兴得跳起来。"它不但省力气，还节约了不少时间呢。"

"不，最主要的是，我们以后再也不会由于烤糊了鸡而饿得肚子'咕咕'叫了。"富兰克林开玩笑地说。

朵布蕾想起那天烤糊鸡的狼狈情景，也笑开了。

那天晚上，她特地在餐桌上增添了一只又香又脆的大烤鸡，作为对富兰克林这个新发明的"奖赏"。

研究风暴规律

读者多半还记得富兰克林编的那本《穷理查年鉴》，那里除了格言、农业知识、家庭常识等外，还包括气象预报。

《穷理查年鉴》里的气象预报，跟我们从广播电台收听到的不同，它仅是作者对自然现象和日月星辰作了较仔细的观察后，大致推测出的一年里的气候变化罢了。

1743 年 12 月 21 日，按照天文学家的推算，当天晚上，美洲东部可以看到月食。

对一般人来说，月食原不是一件稀奇的事情，年年都会出现，只是显示在月球上的黑影有大小罢了。可是富兰克林却兴致勃勃地期待着这个夜晚的来临，仿佛他从来没有看到过月食似的。

一个晴朗的日子，深湛的碧空几乎找不到一丝云彩，飒飒的秋风带来了一片凉意。白天似乎比往常要长，太阳高挂在空中不肯偏西，时间像是停住不动似的。

富兰克林不时放下工作，急切地探望着天空，他的心情就像剧场里等待好戏开场的观众一样，一分钟好像一小时那么长。

朵布蕾非常了解丈夫的脾气。她一看到他心绪不定的样子，就知道准又有什么新花样在他的心里折腾了。

"你又在想什么？是不是又要在我的厨房里安上什么新设备？"妻了打趣地笑着问。

"不是的，朵。"丈夫一本正经地回答。

"那你为什么坐立不安，好像有什么心事似的？"

"你知道吗，亲爱的，今晚上可以看到月食。"

"几点钟？"

"21时整。"

"你急什么，现在离月食的出现还有大半天呢。"朵布蕾笑开了。

富兰克林不好意思地笑了起来，然后又埋头继续做他的工作。

谁知到了傍晚，天气突然变了，一到19时左右，竟刮起了东北风，一阵紧似一阵。那浓密的云层，像一块大地毯似的，霎时间掩没了满天的星斗，把一个星光灿烂的夜空变成一团深浅莫测的黑暗。

富兰克林大为失望，连对科研不感兴趣的朵布蕾也感到扫兴。

几天后的一个早上，邮车捎来了波士顿出版的报纸，上面报道着那天晚上月食的详细情况，同时也提到了来自东北的风暴。

"奇怪，在同一个晚上，刮的又都是东北风，怎么住在波士顿的人能看到月食的全过程，而我们却不能？"富兰克林心里起了疑团。

"再说波士顿在费城的东北，按理说云层应该先出现在他们那儿的天空，然后才到这里。这究竟是什么道理呢？"

他坐在餐桌前，一手端着咖啡杯，一手拿着报纸，呆呆地思考着。

"费城和波士顿相距400公里，难道到了21时云层都集中到费城上空，而波士顿却是一片晴空？这得要多大的风速啊！"他继续思考着。

"你怎么啦？"坐在餐桌另一端的朵布蕾，看到丈夫对着报纸发呆，她焦虑地低声问，"出了什么事了吗？"

"你说这不是很奇怪嘛，好妈妈。"自从有了孩子以后，他们之间常常用孩子的口气称呼对方，"月食那天晚上，我们这儿受到风暴的袭击，闹得满天乌云，什么也看不到，而波士顿虽然有同样的风暴，却看得一清二楚。"

朵布蕾细细地想了一想，觉得事情确实有些奇怪：在同一片天空下，怎么会有两种不同的现象呢？

"说不定波士顿的报纸在瞎编吧。"她不懂得从科学的角度考虑问题，只凭个人臆测。

"不会的，报纸哪能无中生有，瞎报道一气呢。"富兰克林不以为然地说，"况且波士顿有成千上万的读者，他们的报纸要是说了谎，谁还会订阅它？"

"经你这么一说，亲爱的，我倒想起来了，在波士顿，咱们不是还有哥哥姐姐吗？你只要写封信去问一问，不就什么都清楚啦。"

这是一个很好的建议。富兰克林立刻给他的一个哥哥写了一封信。

回信证明报纸的报道是确实的，不过信里更明确地提到，那天晚上的风暴是23时以后才开始的。这更使富兰克林迷惑了。

可是他不容许那个"迷惑"老在自己的脑子里打转。他一定要把来自东北的风暴"迟到"波士顿的原因调查清楚。

在美洲各地，富兰克林也有不少朋友，于是他以费城为中心，发了很多的信，一部分寄往位于费城东北的城市，另一部分寄往西南。

他把朋友们的回信作了比较，发现越是处在东北的地方，受到风暴侵袭的时间也越迟。

原来是这样！根据这些事实，聪明的富兰克林得出了一条风暴运行的规律。根据这个规律，他向美洲自然哲学协会写了一个报告：

这里我想试举两个例子，也许能帮助我说明风暴运行的规律。譬如说，我们在一条河流的下游下了闸门，河里的水就停止流动了。如果我们把闸门打开，最先流动的是紧挨着闸门的水，然后是这些水后面的水。以此类推，最后流动的才是最上游的水。那就是说，水的流动是从闸门那儿开始的，然后追溯到上游。

再举一个例来说，我们假定屋子里的空气是静止的，可是当炉子里生了火，烟囱里的空气就变得冉冉上升了，于是离烟囱最近的空气，立刻进入烟囱，填补空缺。

这样，其余的空气，也按着同样的顺序不断地移动、上升，不断地上升、移动，最后连离开烟囱最远处的空气也进入了烟囱。

根据这些例子，我想，来自东北方向的风暴先到费城的原因，也是这样的。我们假定墨西哥湾的气温很高，空气稀薄，因此来自东北方向的温度较低的空气乘虚而入，而它原来的空间，又被来自更东北、温度更低的空气所填补。它们就这样来回轮流地移动着，越来越往更东北的方向。

这样，波士顿受到风暴袭击的时间，比费城要迟五六小时，就不足为奇了。

美洲自然哲学协会很重视富兰克林的报告。尽管富兰克林谦虚地说他的报告仅是根据一些来信所作的推测，可是就在那年他被协会推选为最杰出的气象学家。

热衷电学实验

富兰克林对于电的研究，时间并不很长。他那个时代，正是电学刚刚起步的时代，电这种神秘的现象，正在被更多的人了解。

1745 年 11 月，荷兰莱顿大学教授穆申布勒克和阿利曼特以及他们的朋友库诺伊斯，做了一次电的实验。

他们这次实验的方式，和他们的前辈不同，是用摩擦机来产生电。电通过金属丝，导入玻璃瓶。人们隔着玻璃瓶，就可以看到点点的火花和闪闪的电光。

当时有很多人猜测，雷雨时的闪电和人工制造的电，可能是一码事，可就是没有办法证明它。

不过，穆申布勒克教授和阿利曼特教授并没有这个打算，他们只是想证实吉尔伯特有关电的实验罢了。

教授们对这次实验并不满足，因为他们发现，由摩擦而产生的电，一下子就漏光了。

可是怎样才能使电积蓄起来，不让它逃跑呢？

按照穆申布勒克的设想，要把电储存起来，必须用一种不导电的物体，也就是说，用一种绝缘体作为容器，而在容器里又必须有导体。他知道，水是导体，玻璃是绝缘体。

因此他在玻璃瓶里放上半瓶水，然后把一条金属线的一头浸在水里，另一头接在摩擦机上。

摩擦机转了半天，什么现象也没有显示。教授失望地摇了摇头，看来失败之神已经站在实验室的门口了。

阿利曼特对穆申布勒克看了一眼，意思叫他不必再转动摩擦机了。可就在这时候，他们的朋友库诺伊斯碰巧把一只手放在摩擦机上，另一只手伸到水里。

这一下可出现了奇迹：只听库诺伊斯一声惊叫，连忙把两手缩了回去，原来他的全身通电了。也许我们可以这样说，这电不仅通过了库诺伊斯的全身，也传向了全世界。

这是世界上第一次人工制造的电，并且还使人产生触电的感觉。由于这次实验是在莱顿大学做的，人们就把这次实验用的仪器命名为莱顿瓶。人们也因此对电产生了全新的认识，第一次知道了电的威力。

这是一个史无前例的新发现，顿时莱顿瓶成为科学界和其他学界的话题中心，风靡整个欧洲。

一些江湖医生利用它治疗各种疾病，趁此大发横财；另一些人则利用它做魔术，从中牟利。他们都觉得莱顿瓶和点金术差不多，利用它能获得一笔不菲的钱。

富兰克林对这个实验也非常感兴趣。

1746 年，富兰克林到波士顿探望他的母亲，在那里亲眼看到了一个惊人的实验。

那实验的仪器是由玻璃管和一块羊皮组成的。玻璃管在羊皮上摩擦一会儿，便产生静电，然后凌空地把它放在碎纸片上边。

说也稀奇，纸片一遇上玻璃管，仿佛孩子见到了妈妈似的，一下子都跳了起来，把玻璃管团团围住。

富兰克林被这奇妙的实验吸引住了。

在这以前，他已经知道，欧洲的科学家们把电分为两种，一种是由玻璃和丝绸摩擦而产生的阳性电，另一种是由松香和呢绒或毛皮摩擦而产生的阴性电。

他可能也知道，各种物体经摩擦生电后，能吸引比较轻盈的东西，而且这种吸引力还能转移到其他物体上。不过把这理论付诸实践，他还是第一次看到。

1746 年秋天，富兰克林第一次看到英国学者斯宾士的电学实验表演，并得到了斯宾士赠送的一套电学仪器。从此以后，他便开始了他的电学实验。

富兰克林的电学实验首先从莱顿瓶开始，不到几个月，从实验中有了不少的新发现，解决了当时电学中亟待解决的问题。

此前，科学家们一直推测，莱顿瓶之所以能放电，是瓶中金属箔、金属线的摩擦所致。

通过实验，富兰克林得出了新的结论：电是一种单纯的流质。从而初步解答了电由何处来和莱顿瓶的作用等问题。

富兰克林的理论，否定了此前科学家们关于莱顿瓶之所以能发生强烈的放电的解释。这也就把莱顿瓶实验的神秘面纱揭开，将其置于一个可以为人理解的科学基础上了。

富兰克林的这个结论，为 19 世纪法拉第对电介质所作的进一步研究，打下了坚实基础。

回到费城后，他开始做着各种有关电的实验。他的好朋友朗思先生从伦敦给费城图书馆寄来一套能充电的玻璃管，于是，富兰克林让费城的玻璃厂仿制了好几套这样的管子，分赠给跟他一样爱好钻研的朋友。

"共读会"有一个会员是手艺高超的银匠师傅，他还特地为富兰克林设计了一架摩擦机。

他经常同朗思通信，只要在实验过程中有一点新的发现，就向他的朋友报告。有时经过反复实验，发现他上次给朗思信中叙述的实验结果不太对头，或者甚至是错误的，他就坦率地承认。他写道：

又做了几次实验，我发现了一些新的现象。

这些现象，根据我前几次给你信中提到的原理，目前我没法解释。因此，我对我以前作出的假设，产生了怀疑，甚至感到惭愧。过去我竟对这些假设说得那样肯定。

通过一次又一次的实验，多少个我们自己建立起来的理论，不得不由我们自己来推翻！

富兰克林还不断地帮助和他志同道合的朋友，在通往科学的大道上，携手共进。

这一段时间，按富兰克林自己的说法，是他一生中最愉快的时期。他整天埋头在科学研究里，几乎和外界隔绝。

他阅读着他可能搞到手的一切有关电的资料，做着他那简陋的设备所能提供的实验。

他甚至把盐缸、醋瓶也当作仪器。这就无怪他的妻子在做饭时经常会发现，那些装调味品的瓶瓶罐罐不翼而飞了。

继续进行科学实验

富兰克林想去搞他痴迷的科学实验。可是费城的人民信任他，爱戴他，需要他为人民大众做许多事情，因此到了1748年，他连自己主编的报纸《宾夕法尼亚新闻》以及那份题名为《穷理查年鉴》的历书，都和他开办的最后一所印刷房一起，转让给了别人。

从此，42岁的富兰克林除了献身于科学研究外，还得从事公益事业。富兰克林在费城担任过不少公职，如邮局局长、议会书记、治安官、市参议员等。只要市政机构有个空缺，人们就不由自主地想到富兰克林，推荐他去填补这个空位。

富兰克林给自己立下一条原则：凡是委任他的公职，只要能力能胜任，他绝不推诿。例如，他曾连续当选为市参议员达十次之多，虽然他从没有花费时间和精力去竞选过。

战争结束后，热心的朗思从伦敦寄来一整套莱顿瓶的各种配件。同时，富兰克林也买下了一位名叫斯彭司博士从苏格兰带回来的同样仪器。

这一下富兰克林家经常高朋满座，有的热心地帮助他做实验，有的怀着好奇心来瞧热闹。

富兰克林根据莱顿瓶的原理，制成了世界上第一只蓄电器。它用11块普通窗玻璃做成，玻璃的两面贴上薄薄的铅片，玻璃和玻璃之间的距离为两寸。

它们垂直地排列在丝质的绳子上，并且用粗铅丝做成的钩一边一个把它们钩住。这些玻璃板的两个表面，代表两个极，一面是正极，另一面是负极。

他把钩在正极一面的钩子用链子连接起来，负极一面的也连接起来，然后在链的末端各安上金属丝，分别接在摩擦机或者起电盘的两极上，这样，最原始的蓄电器便做成了。可是当时他还不知道这个玩意儿对人类有什么用处。

富兰克林认为，既然电是一种单纯的流质，那么，当玻璃受到摩擦时，电就流入玻璃，使它带正电。而当琥珀受到摩擦时，电就从琥珀流出，使它带负电。

相应地，莱顿瓶内外两面的电荷也被定名为正电与负电，或阳电与阴电，并用正号和负号来表示它们。这是电学上的一个创举。

富兰克林是第一个把电分为正电和负电来解释实验的人。这不仅是名称上的问题，而且是概念上的深化。

如果把富兰克林说的流质改称电子，并将流动方向倒过来，因为电子实际上是从琥珀流向玻璃，那么他这个猜测在本质上是正确的。

富兰克林这一创举使电学开始走向准确的定性的方向。他对莱顿瓶的研究使科学界正确地了解了它的作用，并认识了绝缘体在电学中的重要性。

后来，法国科学家库伦发现电荷间相互作用力的有名定律就是从富兰克林这一概念出发的。这是富兰克林在电学上的一大贡献。

富兰克林还利用充电体之间静电的吸力和斥力的作用，制造了一个很简单，但又异常灵敏的机械，称为"电轮"。在这个机械里，轻圆盘以每分钟 50 周的速度旋转，实际是不断地把电能转化为机械能。这个发明预示着现代的电动机的出现。

这时夏天来临了，气温一天高似一天，他的朋友建议他把实验暂停一个时期，等秋凉后再继续进行。富兰克林同意了。他倒不是怕天气热，他感到他费了九牛二虎之力做成的蓄电器，除了满足一些上他家来的"观众"的好奇心外，说不上有什么其他的用处。

有时，富兰克林甚至有些后悔自己浪费了这么多宝贵的时间。为

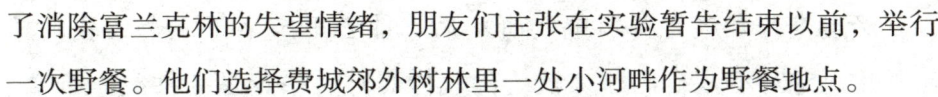

了消除富兰克林的失望情绪，朋友们主张在实验暂告结束以前，举行一次野餐。他们选择费城郊外树林里一处小河畔作为野餐地点。

那天，富兰克林和他的朋友们带着食物篮、烤肉架、活火鸡等，还有被富兰克林认为对人类没有什么用处的蓄电器，来到了河岸上。

他们把蓄电器放在小河的彼岸，然后用一条金属丝，直接从蓄电器插入河中。他们自己却从附近的一座桥上，走到河岸的另一边。他们先把油布铺在地上，然后安排好餐具和炊具。

由于天气炎热，有人提议在野餐开始前，煮一壶咖啡解渴。于是大伙儿提水的提水，搭炉子的搭炉子，有的捡干柴，有的拾枯叶，一下子就把煮咖啡的准备工作做好了。

他们故意不带火种，只在枯叶上洒些酒精，拿河水作为导体，把另一条金属丝插入水中，利用对岸蓄电器发出来的火花，使酒精燃烧。要不了多久，各人的面前都斟上了一杯香喷喷的咖啡了。接着他们又利用蓄电器把火鸡杀死；在烤炉架下的火没有生起以前，就把通电的金属丝直接接在烤肉架上。

这一天，他们尽情地歌唱，坦率地交换意见，不论是科学的，还是哲学的。最后朋友们彼此祝酒，并为英国、荷兰、法国和德国的科学家的健康干杯。

在当时，雷电这种具有巨大破坏性的可怕的自然现象的本质是什么，对人们来说还是一个谜。流行的看法是，它是"上帝之火"、天神发怒，也有人猜测雷电是毒气在天空爆炸。

富兰克林虽然也曾经信服过气体爆炸说，但是他现在又有了自己新的看法。这与他的一次偶然实验有关。

有一次，富兰克林把几十只莱顿瓶连在一起想加大放电量，可是给他帮忙的妻子一不小心碰到了莱顿瓶的金属杆。只听到"轰"的一声响后，一大团火花闪过，妻子被电击倒在地。这次意外使富兰克林深深认识到了电的威力。当时的一幕，也常常显现在他的眼前。

经过查阅大量有关雷电的资料后，他心里产生了一个大胆的想法：雷电绝对不是自己原来认为的气体爆炸，一定是一种放电现象。只是当时他没有想出一种切实可行的办法来证明这个推论。

就在那年下半年，富兰克林还从实验和观察中，对天空中的闪电和摩擦而产生的电流作了比较，发现的共同点有很多。如：都有光，光的颜色相同，光线都产生曲折，运动迅速，可由金属传导，爆炸时发出响声，存在于水和冰中，通过物体时能使物体分裂，杀伤动物，熔化金属，燃烧易燃的物质，含有硫黄味。

此外，他还发现"电流易被尖形的金属棒吸收"。他在实验记录中写道：

眼前我还没法证明天空的闪电是否也有这种特性。不过它既然同摩擦而产生的电有了 12 点相同之处，看来这一种特性也不可能被排除。

1750 年 5 月，富兰克林在给朗思的信中，提到了金属棒尖端的奇妙特性。

这时，富兰克林对避雷针已经有了初步的设想，可是他当时只考虑到利用尖端容易吸收电流的原理，打算把天空的雷电引导下来，以为这样就可以免遭雷击，而没有想到在尖端金属棒下端接上一条地线，把雷电导入地下。

经过两个月的反复实验和观察，他写了一篇题为《电的性质和效力之探讨及 1749 年从费城几次实验中获得使建筑物、船只等免遭雷击的方法》的论文。

在这篇论文中，他已经注意到，在利用尖端把天空的闪电吸引下来的同时，必须有一条金属线，把电导入地下，这样才能使地面建筑物免遭雷击。

富兰克林把这篇论文寄给朗思，作为他对朗思赠送给他成套仪器的酬谢。热心的朗思读了这篇文章后，深深地为他那远隔大西洋的朋友在科研上取得的成果而高兴。

朗思满怀喜悦地把论文送到伦敦皇家学会，谁知那些骄傲的学会会员连看都不看一眼，就把论文搁在一边。当时的英国正处于不可一世的称霸时期，到处侵犯，不是同这个国家争夺海上霸权，就是同那个国家抢夺殖民地。

在这种情景下，必然会使某些英国人产生一种高人一等的优越感。尤其是那些自命不凡的头面人物，他们怎么能容忍一个"半开化"的殖民地的属民比他们更高明呢。

朗思整整等了大半年，却没有从伦敦皇家学会那里得到任何有关论文的消息。他已经没有再等下去的耐性了。

1751年春天，朗思出资把富兰克林的论文印成小册子，命名为《电学实验集》，并请富兰克林的一位可靠的老朋友福瑟吉尔博士写了一篇序言。

这是近代科学史上第一本系统的电学理论著作，出版后很是畅销，富兰克林的名字也逐渐被人们所熟悉。

后来，小册子流传到法国，立刻引起法国各界人士的注意，一时间富兰克林的名字竟成了新奇事物的同义词。

法国国王路易十五还特地请了法国著名科学家，当着他的面，按照富兰克林的论文的示意做实验给他看。

研究农业科技

作为一个科学家，富兰克林的兴趣是多方面的。他在乡下买了几亩田，开始做农业试验。他买的是贫瘠的土地，长不好庄稼。

农民们笑他是傻瓜，他们望着他的背影说："瞧这个老好人，花钱买了没人要的田，还当捡了宝贝呢。"这倒是真的，自从有了这些田地后，富兰克林只要抽得开身，总到这里来和土地打交道。他在田地上种植的庄稼品种很多，一亩田里总有四五种。

有一天，一些农民看到他抓了几把泥土，小心翼翼地装进口袋，带回家去。于是他们互相挤眉弄眼，掩着嘴笑："这一回他准拿泥巴回去炒着吃呢。"

过了几天，富兰克林推着一辆装着一袋袋石灰的手推车来到田间。他请农民们帮着他把石灰均匀地撒在田里，然后在那里竖起一块木牌，上面写着："此地已撒过石灰。"

农民们对他的举动感到很奇怪，不免又在背后议论纷纷。

经过春天的几次和风细雨，奇迹出现了：那片撒过石灰的田里，长出了茁壮的青苗，几乎把木牌都淹没了。从老远望去，绿油油的特别显眼。

农民们看得发呆了：原来这位专啃书本的"呆子"还真有两下子。所以当下一次富兰克林来到田里的时候，农民们都围了上来，带着尊敬的表情，向他问长问短。

富兰克林从不垄断知识。他告诉农民，植物也和人一样，各有各的胃口，有的爱酸性的土壤，有的爱碱性的土壤。他分析了这里的泥土，发现含酸量太高，不适于一般庄稼的生长。石灰对酸性有中和作

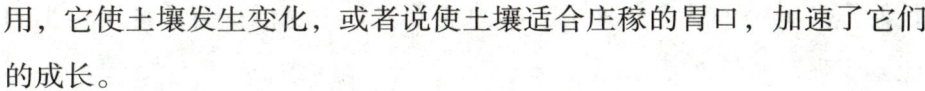

用，它使土壤发生变化，或者说使土壤适合庄稼的胃口，加速了它们的成长。

"原来是这样！"农民们这才知道，这个"呆子"一点儿也不呆，他不仅啃书本，还能把书本里的知识付诸实践。

富兰克林买下的田地，除了那些"烂田"外，还有长满了杂草的荒地，而且尽是坑坑洼洼，高低不平。

可是当富兰克林把这些杂草锄掉以后，发现下面竟是肥沃的黑土，有三尺多深。而像这样的"荒地"，极目看去，一望无际。面对着这样荒芜的沃土，富兰克林深为痛惜。

美洲的移民越来越多，因而对粮食的需求量也随之增加。如果把这些荒地好好地耕种起来，不但可以使本州的人民吃饱，而且还可以将粮食作为对外贸易的商品。

可是在当时，殖民地当局除了搜刮当地的财富外，对提高农业产量一点儿也不重视。

他们由着农民墨守传统的耕种方法，到秋收时节能收割多少就算多少，从没想过从大自然手里多争取一些收获。

富兰克林知道，一般来说，农民不像商人那样会动脑筋，性格也不及商人灵活。不过他们讲究实际，如果你想用话去说服他们，那是白费口舌，一定要拿出实例来，才能使他们信服。

于是他扩大耕种面积，做着种种农业试验。他非常注意肥料对农作物的作用。在18世纪中叶，自然谈不上使用化肥，可是富兰克林尽可能把他自己学到的农业知识，在农田里进行试验。要是试验有了成效，他便邀请农民们来参观，并向他们介绍有关的农业知识。

1748年秋天，他做了一次播种的试验：他在同一块田里播下了牧草和紫云英的种子。他把那块田一分为二，一半播下一磅半的牧草种子，另一半播下四磅的紫云英种子。

过了四天，紫云英的种子发芽了，而牧草却隔了六天才发芽。于是他得出了一个结论：种子密集的地方，对霜的抵抗力比种子稀少的地方要强。

富兰克林把农业当作一门科学，并且在他筹办的专科学校里也设有农业课。后来，富兰克林又把弗吉尼亚州的高粱样品和种子分赠给当地的农民，使高产的种子在宾夕法尼亚州安家落户。他出使法国时，又把欧洲的黄柳和莱茵河畔的葡萄带回来，广泛地移植在美国各地。

除了农业以外，富兰克林对小到像蚂蚁那样的生物，也很感兴趣。他根据观察的结果，认为蚂蚁是一种具有传递信息能力的小昆虫。他对鸽子的生活，也作过一番研究。他于1750年给塞缪尔·约翰逊的一封信中写道：我造了一只鸽棚，挂在屋外的墙上。那鸽棚只能容纳6对鸽子。

富兰克林选了一对精壮的小鸽子饲养着。鸽子长得很快，而且正常地繁殖着。可是当它们繁殖到第七对的时候，鸽棚里就掀起了战争：身强力壮的老鸽子把幼小的鸽子撵了出去，逼着它们另觅新居。

后来富兰克林又另做了一只大鸽棚，分20个鸽房，这样被撵出来的鸽子才有了安身之处，就是邻居家被撵出来的鸽子也都迁进了新居。

揭示雷电秘密

富兰克林知道，要想证明自己的理论，最有力度的就是用事实说话，可是怎样才能证实闪电就是电的本质呢？

1752年6月，富兰克林做了一次轰动世界的实验。那是一个闷热的下午，人们不断地挥着汗。天空低低地悬着灰蒙蒙的浮云，阳光透过云层，投射到散发着热气的潮湿的地面上，使人有一种窒息的感觉。过了一会儿，天边升起了厚厚的乌云，那狂暴的阵风，推动着成堆的乌云，布满了整个天空，就像空中罩上了一个铁罩子似的。

那闪闪的电光，曲折地划破长空，引来了震耳欲聋的霹雳声。这正是富兰克林盼望着的天气，或者换句话说，正是适合他做实验所需要的气候条件。富兰克林早有把云层上的电引下来的计划，以便证明天空的闪电和人工生产的电同属一种性质。

他注意到高大的树木、教堂的尖顶、船只的桅杆等，凡是高耸的目标，都容易招引雷电。他原先打算等当地正在建造的教堂落成后，利用教堂钟楼的尖顶，再接上长长的金属棒，吸引云层上的电，可是那教堂建造的进度很慢，他等不及了，他得另找一种高入云霄的东西代替塔尖。

他想着想着，突然笑了出来："啊，风筝！这不是比塔尖更有用吗？何况我小时候还利用它加快游泳速度呢！对，就是它！"

富兰克林开始着手制造风筝。

由于得在雷电交加的雨天进行这项实验，他用丝绸代替纸张，做成了一只风筝，风筝顶缚上一条尖得像针似的金属线，作为吸引电的"先锋"。

他把穿在风筝上的绳子当作导体，绳子的末梢系上充作绝缘体的绸带，绸带的另一端则在实验者的手中。这样吸引下来的电，就不致通过实验者的全身使他触电了。在绸带和绳子的交接处，挂上一把钥匙，作为断路器。

富兰克林把他的儿子威廉叫到跟前，告诉他今天要做实验的内容，并且要他做这次实验的助手。

"这不是很危险吗，爸爸？"21岁的儿子听了父亲的说明，担心地问。

威廉对父亲的实验不感兴趣，不过还是同意当他父亲的助手。

于是父子俩悄悄地收拾起风筝，奔向离他们家不远的草坪，那里有一个小木棚，正好可以作为他们躲避风雨的场所。风更紧了，它吹乱了父子俩挂在肩上的长发，吹得他们衣服的下摆"啪啦啪啦"作响。这正是放风筝的好时机。

过了一会儿，狂风大作，雷声隆隆，团团乌云压向天边，富兰克林赶紧把风筝掷向天空，大声喊道："儿子，快跑起来。"

威廉在旷野中拼命地奔跑起来，狂风卷起风筝，升到空中。

富兰克林很是兴奋，他追上儿子，接过风筝线，拉着他躲进小木棚里避雨，然后又掏出一把铜钥匙，系在了风筝线的末端。

"赶快往里退，别让缎带给打湿了。"富兰克林指挥着说。

他自己走到小木棚的屋檐下观察着风筝。依旧什么动静也没有。

"小心，威廉！瞧，你的风筝的绳子都快擦着棚檐了，这会发生危险的！"

儿子很是不解，问道："爸爸，这是干什么啊？"

"这个铜钥匙吗？是用来阻挡上面流下来的电，用它可以把电流导到瓶子里去。"

说完，富兰克林又往装有水的莱顿瓶中插入一条铜线，浸入水中一半，又留在瓶子外面一半。然后，富兰克林兴奋地说："孩子，一

会儿我们就能把电导入瓶子中带回家去了。"

说完，父子俩抬头望去，只见风筝已穿进了云层，闪电雷鸣阵阵，但是风筝什么反应也没有。

儿子禁不住很失望地说："爸爸，恐怕我们这次又白费功夫了吧！"

"别担心，孩子，我们再等等看吧！"

这时天空已不那么黑得可怕了，雨依旧下着，雷声也逐渐远去，可是雪亮的闪电，像银蛇似的，不时地在空中蜿蜒着。

突然威廉叫了起来，"看哪，爸爸！"儿子指着风筝说，"绳子上的纤维都竖起来啦！"

"是吗？"爸爸的眼力毕竟赶不上年轻的儿子。富兰克林睁大眼睛，仔细一瞧。可不是吗，只要雷电一闪，附在绳子上的毛茸茸的纤维一下子都竖立起来。这就是电！

富兰克林伸出一只手指，和风筝的绳子并行着上下移动，不过可没有碰着绳子。说也奇怪，绳子上的毛茸茸的纤维，随着他手指的动作，也一上一下地摆动。

"真有意思，爸爸，它们还会跳舞呢。"威廉已摆脱了刚才的恐惧，对眼前的实验也产生了兴趣。

"还有更好玩的在后头呢，孩子。"富兰克林兴奋地说。

这时，一道剧烈的闪电划过，风筝线仿佛被什么拉动了一下，富兰克林的手中也有了 丝麻的感觉。

富兰克林握紧拳头，小心地伸到系在绳子和绸带间的钥匙旁边。"噼啪！"一个火花从那里跳了出来，打在他的腕节上。他感到一阵麻木，赶紧把手缩了回来。

"您怎么啦，爸爸！"威廉关心地问。

"没什么，孩子。"爸爸满脸笑容地说，"我们的实验成功啦！你知道吗，天空中的雷电和人工产生的电，是一码事！"

父子俩忘记了浑身上下已被雨淋透了，高兴地欢呼起来。

雨过了，云层破处，绽出了清澈的蓝宝石似的碧空。阵阵的凉风拂走了天空的暑热，送来了雨后特有的新鲜空气。

父子俩这才收下风筝，踏着被雨水洗刷一新的芳草，笑嘻嘻地，但依旧悄悄地回家去了。

从他们脸上那副神秘的表情看来，他们这次的实验多半是背着朵布蕾做的！

富兰克林一踏进家门就叫朵布蕾给逮住了。

"你发疯了还是怎么的？瞧，下这么大的雨还往外跑，又带着孩子！"她带着责备而又心疼的口气说。

富兰克林像一个调皮的孩子干了淘气事，被大人发觉了似的，嘻嘻地憨笑着。

"啊，这是什么？湿淋淋的，难道你们爷儿俩都疯啦！在大雨里玩风筝？"朵布蕾简直吃惊了。

"不是的，妈妈。爸爸带着我不是去玩儿，而是做实验。"威廉怕妈妈着急，解释着说。

"唉，真拿你们没有办法。"妈妈直摇着头，"你们天天实验呀实验，有没有个完？'"

"不，妈妈，这次做的实验才好玩呢。"威廉激动地说。

于是他把刚才发生的事情，从头到尾说了一遍。

"那还了得！怎么你拿上帝创造的光，也做起实验来啦！"朵布蕾急得几乎哭了出来，"你这不是惹祸嘛。你准会给这一家子招来灾

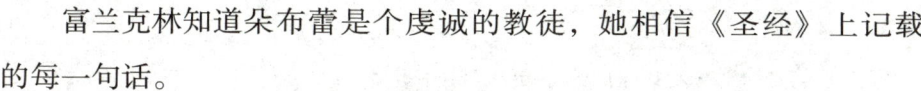

祸哪！"

富兰克林知道朵布蕾是个虔诚的教徒，她相信《圣经》上记载的每一句话。

如果你告诉她，雷电不是上帝创造的，而是带着正电和负电的云层相遇所造成，那也只能是白费口舌。况且这些道理，一时也不易说清，不如让时间慢慢地向她证明。

因此，富兰克林只安慰了妻子几句，就回到书房，拿起鹅毛笔，开始在白纸上画着他在回家路上设想的避雷装置。

"凡是耸立在高空的目的物，容易招引雷电，因此高楼和塔尖等，往往遭受到雷电的袭击，甚至酿成火灾。"

他思索着：

今天的实验证明，雷电是可以引导下来的。

如果我在屋顶上安上一根金属棒，譬如说，三米多高吧，它准能把雷电引导下来。如果再在金属棒末端系上一条金属线，直通到地下，这样金属棒受到雷击时，它就能借助金属线，直接把电带到地下，使屋子免遭灾祸。

晚饭的时候，富兰克林在餐桌上把他的设计和原理告诉了威廉。

虽然威廉在妈妈朵布蕾的教养下，受宗教的影响较深，但今天下午的实验，使他明白了雷电并不是一般人所说的"圣火"，而确是和爸爸通过摩擦器制造出来的电一模一样。因此，他对爸爸说的话，一个劲儿点头表示同意。

可是，妈妈朵布蕾一听又紧张地叫了起来："富兰克林！你成心要毁坏你自己和这一家子，还是怎么着？"

"没有呀，亲爱的！我怎么会毁坏自己和这一家子呢？"富兰克林茫然地说。

"你刚才不是说要把圣火引到家里来吗？你这样亵渎上帝，不把他老人家惹火才怪呢！"

"不会的，亲爱的。你不是一直很信任我吗？请你继续信任我。"富兰克林兴致勃勃地说，"我非但不会惹祸，还会给大家带来幸福。"

那倒是真的，朵布蕾对丈夫始终是信任的，甚至是十分崇拜的。

"幸福？给大家带来幸福？"她信疑参半地对丈夫注视了一会儿，看到丈夫的脸上露出信心十足的表情，这才消除了她的疑虑。"那好吧，只要你不触犯上帝，不惹祸招灾就行了。"

通过多次实验，结果表明，雷电同电机产生的电荷是完全相同的。富兰克林没有忘记把这个喜讯告诉给远在伦敦的朋友朗思。

没过多久，风筝实验的消息就传遍了整个科学界。富兰克林在电学方面的理论，至此取得了决定性的胜利。他的有关电学方面的著作引起了学术权威们的重视，被译为法文、德文、意大利文等，在全欧洲得到了公认。

在荣誉和胜利面前，富兰克林没有停止对电学的进一步研究。

发明避雷针

在揭示雷电现象的同时，富兰克林也逐渐意识到了有可能发明一种东西，来躲避雷电造成的危害。

不过为了彻底消除妻子的疑虑，富兰克林决定在室内做避雷实验。他在附近的铁匠铺里，定制了一条三米多长、顶端尖的细铁棒，把它安在烟囱顶上。

然后，富兰克林又在铁棒的末梢系上金属线。凡是金属线接触到屋子的地方，都给它套上玻璃管。他把金属线沿着楼梯，引到屋子的中间，最后把它系在一个金属水泵上，这水泵是通向地下的，这样从烟囱顶上引导下来的电，就只能乖乖地进入地下去了。

他又把楼梯上靠近他卧室的那一段金属线，分成两股。两股之间的距离约为六英寸。他在那两股线上，各挂上一只小铃，铃的中间，用丝线吊着一只小铜球。一切都顺利地进行着。

父子俩一会儿上屋顶，一会儿下楼梯，乐呵呵地有说有笑，好像捡到了什么珍宝似的。

小莎拉虽然没有参加他们的工作，却欢蹦乱跳地跟在爸爸和哥哥的后面打转。她那对扎着粉红色缎带的小辫子，一抖一抖地跳动着。

只有妈妈朵布蕾惊疑不定地瞧着父子俩。她真不知道他们变的是什么戏法呢。

这是一个闷热的季节，天空经常打雷下雨。一天下午，富兰克林一家子正围坐在桌子边喝茶，突然刮起了狂风，一阵紧似一阵，霎时间飞沙走石，天昏地暗，眼看一阵大雷雨就要来临了。

空中掠过一道闪电。小莎拉习惯地用小手捂住耳朵。她怕震耳的雷声。

"叮当！叮当！"传来的不是"隆隆"的雷声！

"这是怎么一回事，哪儿来的铃声？"朵布蕾第一个惊讶地问。富兰克林笑了。

"那是闪电起的作用。"他喜洋洋地说，"来，朵，咱们看看去。"

于是在富兰克林的率领下，一家子都站在了楼梯上，仔细地看着这个有趣的设计。

你看，只要天空出现一道强烈的闪电，那系在丝线上的小球就不断地左右摆动，这样小铃铛就发出清脆而又悦耳的响声。

"哦，天哪！这是怎么搞的？"朵布蕾把两手放在胸前，下意识地做出祈祷的姿势。

富兰克林乘机把发生闪电的简单原理，告诉了朵布蕾。

朵布蕾是个好主妇，好母亲，可是对丈夫埋头钻研的科学研究，却不是很理解。她听着丈夫认真地解释，似信非信、似懂非懂地点着头，认为丈夫总不会骗自己。不过，从这以后，她对丈夫搞的科学实验不再害怕了。

有一天晚上，富兰克林一家睡得正浓，突然卧室外边一声霹雳，仿佛是什么东西爆炸了似的，把一家人都惊醒了。

富兰克林立刻从床上跳了起来，冲到室外。只见一道道炫目的白光，在两只铃铛之间，川流不息地闪现着。

那只铜球却被挤在一边，恰好和金属线形成直角。那道白光亮极了，简直和太阳光一样。

"啊！你又在玩什么花样啦？"朵布蕾睁大眼睛，恐惧地问。她从来没有在黑夜里见到过这样明亮的光。

"这就是击在我们屋顶上的雷电。它通过烟囱顶上的金属棒，正经过这里奔向地下呢。"富兰克林严肃地说，"要不是安上那条金属棒，我们的屋子早被击毁了。"

富兰克林·热爱科学

"这是真的吗?"妈妈和小女儿莎拉同时惊叫了起来。

"是的。"爸爸抱起女儿,轻轻地吻了她一下说。

"这么说来,爸爸,这条棒该叫作避雷棒啦。"小莎拉用小手往上指了指说。

"对,该管它叫避雷棒。不,它跟屋子比起来显得十分细小,就管它叫避雷针。好吗,莎拉?"

"好,好!"小女儿拍着手说,"避雷针,避雷针!我爸爸发明了避雷针!"

爸爸和妈妈都笑开了,小莎拉更是高兴。

隔了一天,富兰克林把他的实验经过写成文章,在报上发表。

富兰克林写道:

在频繁地从上方的两只铃铛之间吸取火花和为电瓶充电后,一天夜里,我被楼梯上响亮的"噼啪"声惊醒了。

我跳了起来,开门出去,我察觉到那铜球不是像往常那样在铃之间颤动,而是被支开,离开两只铃有一定的距离。

当那火通过时,有时候很响亮、迅疾的"噼啪"声从一只铃至另一只铃,有时候呈一条连续不断、浓稠的白色溪流,看上去有我的手指般粗细。

这时,整个楼梯亮如白昼,人们可以捡得起一根针来。

由于这是一个新的发现,他得用一些新的术语来说明他的实验,例如电池组、电荷、电极、电弧、电流等。

文章发表后,这些术语都被其他科学家们采用了,而且被译成各种语言。

1753 年,俄国著名电学家利赫曼为了验证富兰克林的实验,不幸被雷电击死。这是做电实验的第一个牺牲者。血的代价,使许多人对雷电实验产生了戒心和恐惧。

但富兰克林在死亡的威胁面前没有退缩，经过多次实验，他制成了一根实用的避雷针。

富兰克林把几米长的铁杆，用绝缘材料固定在屋顶，杆上紧拴着一根粗导线，一直通到地下。当雷电袭击房子的时候，它就沿着金属杆通过导线直达大地，房屋建筑完好无损。

1753 年，富兰克林的科学研究开始走上了巅峰。

富兰克林由妻子被电击倒而进行著名的莱顿瓶实验，证实了雷电并非什么气体爆炸，而是一种放电现象。

富兰克林不顾生命危险揭开了雷电之谜，并首次阐明了电的性质，为近代科学的发展奠定了基础。

富兰克林是第一个在纯科学领域中，享有国际声誉的美国科学家，是美国电学研究的先驱者。他的电学研究结果统一了当时混乱的电学知识。

1754 年，避雷针开始应用。起先，当富兰克林父子在忙着安装避雷针的时候，费城的人都猜不透他们在搞什么名堂。

读了富兰克林的一系列文章后，大伙儿觉得他说的话句句有理，何况他们平时对富兰克林就十分信赖。

于是不用我们的发明家大力宣传，每户人家都争先恐后安上了避雷针。

但还是有些人认为这是个不祥的东西，违反天意会带来灾难，就在夜里偷偷地把避雷针拆了。

然而，科学终将战胜愚昧。一场挟有雷电的狂风过后，大教堂着火了，而装有避雷针的高层房屋却平安无事。事实教育了人们，使人们相信了科学。

避雷针相继传到英国、德国、法国，最后普及世界各地。从此，人类历史上诞生了一句名言，用来描绘富兰克林伟大的成就：

他从天空抓到了雷电，从专制统治者手中夺回了权力。

新发明很快就推广开来，从美洲到欧洲，以至于世界各地。这么细细的一条金属棒不知拯救了多少人的性命，使多少房屋免遭毁坏。

正像上次改革火炉时那样，富兰克林又拒绝了当局授予他发明避雷针专利权。对富兰克林来说，对人类作出一点有益的贡献，是他最大的幸福。

这似乎已经成了事实，一个在人类历史上作出不可磨灭贡献的伟人，往往出身于贫苦的家庭。

就拿富兰克林来说吧，他自幼失学，当别的孩子们坐在课堂里，聚精会神地听老师讲课的时候，他却枯燥乏味地对着散发着怪味的蜡烛没完没了地剪着烛芯。

他远离着具有高度文明的欧洲，居住在闭塞的美洲殖民地，可是由于他的主观努力，从他父亲的书架上少得可怜的几本书读起，逐步摸索着通向知识宝库的道路。

在探索的过程中，他经历的道路是坎坷不平的，可是尽管荆棘丛生，困难重重，他始终不改初衷，最后不但进入了知识的宝库，而且还找到了打开这个宝库里某些未知领域的钥匙。

照例富兰克林完全可以获得专利权，从中取得一笔可观的金钱。可是我们的主人公没有这样做，他依旧和上次发明火炉时那样，拒绝接受这项专利。

因为为人类谋求福利，是富兰克林最大的愿望。

后来富兰克林的事迹传到法国，受到各界人士的普遍赞扬。人们读了有关他的报道，都把他当成魔术师。在科学家的心目中，他却成了权威。

1754 年 7 月，哈佛大学决定授予他荣誉硕士的学位；9 月，耶鲁

富兰克林·热爱科学

大学也授予他同样的称号。接着，其他的大学也先后授予他类似的光荣称号。

在真理面前，英国皇家学会的权威们也作了躬身反省，他们对于以前不屑一顾的富兰克林的论文进行了重新评议。

同年 11 月 30 日，一向对他嗤之以鼻的英国皇家学会，由于富兰克林对电的实验以及惊人的发现，也授予他戈德弗雷·开普勒爵士的金质奖章。

到了 1756 年 5 月，英国皇家学会又接纳他为皇家学会会员。这是出乎富兰克林意料的。

在给朗思的信里，富兰克林写道：

我从来没有指望过获得这样高的荣誉。

但是声誉和崇高的地位，给富兰克林带来了更多的公务，挤掉了他读书和钻研科学的时间。

为了殖民地人民的利益，为了争取美洲的独立和自由，富兰克林开始不辞劳苦地参与社会活动。

参与政治

良好的品格，优良的习惯，坚强的意志，是不会被假设所谓的命运击败的。

—— 富兰克林

组建民团抗击外侵

北美大陆主要是英国的殖民地，但同时也有很多地方是其他欧洲列强的殖民地。比如北面的加拿大，就主要是法国殖民地，南面的美洲地区又是西班牙的殖民地。

1739 年起，西班牙发动了对英国的战争。

1744 年，英国同法国又因奥地利王位继承问题，而处于战争状态。当然战争的主要原因，是欧洲列强之间的利益冲突。不过最初的战争，与费城几乎没有什么关系。

1747 年以前，这两场战争都没有打到宾夕法尼亚境内，因为它北面的殖民地挡住了加拿大境内的法国人，南面的殖民地阻挡了佛罗里达和加勒比地区的西班牙人。

不过，费城人平静的生活很快过去了。1747 年 7 月，法国和西班牙的私掠船开始在海湾出现。费城人开始恐慌起来，因为他们的财产随时都有可能遭到洗劫。就连当地政府也不得不考虑这些事情了。

当时的费城没有碉堡，没有炮台，没有军备，甚至连治安人员都没有，一时间老百姓人人自危。然而，当时的宾夕法尼亚州议会中占主导地位的是教友会教徒，他们认为不应该进行战争，所以不投票同意拨款备战。

在这种情况下，费城的富商们也拒绝出钱。因为他们认为自己出钱，在保护自己财产的同时，也保护教友会教徒的财产，对自己是不公平的。还有一些人住在内地，距离边境比较远，他们感觉不到位于海边的首府面临的危险对他们有什么影响，所以他们也不愿意出钱进行武装筹备。

而主张起来保卫家园的人们又各执己见，难以达成一致。州长托马斯企图说服州议会通过一项民兵法和采取保障本州安全的措施，可是徒劳无功。

这时，富兰克林搁下了正进行的电学实验，挺身而出，参与到了解决费城安全问题的行动中。

这时的富兰克林已经非常富有，他每年的收入已经完全可以和州长等同。

而且，富兰克林已经有了很高的知名度，甚至超过了州长。在这种情况下，他认为自己有义务为社会尽自己的一份责任。

1747年秋季，有谣言从西印度群岛传来，说有六艘法国私掠船已计划要在来年一同洗劫费城。

这时，在反对任何战争这一点上，教友派也不是铁板一块了。其中一些人，包括詹姆斯·卢格尔，认为防御性战争是正义的战争。

然而，自由派教友会教徒却不为所动，其他分支则深恶痛绝。

富兰克林抓住了这一机会。他同"共读社"中的威廉·科尔曼、美洲哲学学会的托马斯·霍普金森以及首席法官谈话，得到他们的一致同意，由富兰克林撰文抨击教友会和大商人。

小册子一经发表，费城人尤其是下层人民群情激奋，纷纷响应。在星期六召开的一次预备性会议上，集合了一百余人，多半是工匠。

富兰克林掏出计划的草稿，将成立民团的计划向与会者宣读了一遍。不料话音刚落，听众已经准备好立刻在条款上签字表示拥护。

这时，富兰克林想到，最好还是先征求绅士们的意见更为稳妥。这样，到第二周星期一，富兰克林在罗伯茨咖啡馆召开大会，到会者内有城内最主要的绅士和富商。

在这些上层人士的动议下，自愿加入民团者在文件上签了名。民团的人数短时期内已逾一万，遍布全省各地。

民团战士们把自己武装起来，编成连队和团队，选出自己的长官，每个星期集合训练一次。费城联队的军官选富兰克林为上校，但富兰克林自认为无此资格，谢绝了这一职位，另外举荐了一人。

富兰克林又提议发行奖券以集资在城南修筑堡垒，装配大炮。由于没有重机枪，他们从波士顿购置了 39 挺，并向伦敦订购，也向宾州的业主请求援助。

然而，伦敦的火炮要到第二年春季才能到货。这时，私掠船行将到来的风声日益紧迫，民团派包括富兰克林在内的四人使团出使纽约向其州长告借。在以富兰克林为首的四人不懈努力下，18 门大炮连同炮架不久从纽约运回了费城，装在了炮台上。

富兰克林一时几乎成了宾州的风云人物。尽管富兰克林拒绝了1748 年议会选举提名，地方上的各个阶层仍然全都抓住他不放。

富兰克林回忆说："我们政府的各部门几乎同时要我效劳。市政府选我做市议会议员，州长任命我为治安主管，不久以后又选我为市参议员，一般市民又选我为州议会议员。"

不论富兰克林如何心系他的电学实验，他还是身不由己，他只好越来越深地参与到地方政治事务中了。

兴办医院学校

富兰克林常常想起自己小时候失学的痛苦。每逢他看到自己的孩子挎着书包，跳跳蹦蹦地去上学的时候，他的眼睛里总要流露出羡慕的神情。

"多么幸福的孩子呀！"他目送着孩子的背影，不胜感慨地说。

他记得，当年他在父亲的店铺里干活，看到和他同年龄的孩子经过店门走向学校时，他真恨不得撇下手中的活计，跟他们一起上学去。可是他没有这样做，因为他知道，他的父亲付不起学费。

所以当时他不是扭过头去，装作不见，就是向他们伸伸舌头，做个鬼脸。这种情景要是被老富兰克林看到了，他总是内疚地抚摸着他儿子的脑袋，轻声地说：

"孩子，爸爸对不起你。"

"不，爸爸，您别那么说。您已经为全家尽力了！"

富兰克林说着便扑向父亲，把脸深深地埋在父亲的怀里。

"是的，孩子，你爸爸穷哪！"爸爸紧紧地搂着孩子说。

这些都是多少年以前的事了，可是这许多年以来，富兰克林一直打算开办一所不收学费的学校，让清寒子弟也有学习的机会。

当然办学校不是那么容易的事，除了经费外，还得有教师和校舍呢！这可不是容易办到的。

和往常一样，富兰克林把办学校的事征求共读会会员们的意见，并请他们拟订了一个具体的计划。

一场辩论在共读会会员中间展开了。他们对办学校这一点没有异议，可是对办什么样的学校，是普通学校还是传授专门技术的学校，开始有了争论。

一些会员认为，费城虽然有几所学校，可是教学水平都不高；应该创办一所高质量的学校，提高殖民地人民的文化水平。

另一些会员则认为，费城的那几所学校，按照人口比例来说，已经足够了。应该创办一所技术学校，培养专门人才作为各行各业的接班人。

大家各抒己见，争执不下，而此时的富兰克林却回想起自己儿时的情景。那时候，要不是父亲佐赛亚的指引，由着他漂洋过海，说不定他早已经沦落为打家劫舍的海盗了。

那正是英国和西班牙、法国在海上争夺霸权的时代。辽阔、自由的公海里一片混乱，一些亡命之徒趁机在海上横行霸道，如果得了手就坐地分赃，否则就死于非命。

"感谢您，好爸爸！"富兰克林沉思着，"要不是您担负起做父亲的责任，严格地要求我学会一种手艺的话，我真是不敢想象自己今天会是个什么样子呢。"

辩论继续进行着，双方的意见相持不下，大家的视线都移到富兰克林身上，希望听听他的意见。

"本，请说说你的看法吧。"

虽然随着岁月的消逝，共读会的会员都已到了中年，可是彼此依旧用小名相称。

"哦，我……"

富兰克林从沉思中惊醒过来，整了整衣领说：

"我个人认为，我们应该创办一所专科学校，让年轻人学有所长，这样会对我们的社会带来更多的好处。

"我在伦敦的时候，到过牛津大学，且别提它的校舍有多大，光拿学院来说，就有二十多个，什么文学院啦，法学院啦，神学院啦，理学院啦等。那里不仅有英国学生，还有来自世界各国的学生。我听德纳姆先生说，牛津大学曾培养出不少人才，为英国，也为其他国家造福。"

说到这里，富兰克林顿了一顿，继续说：

"再说本大陆的马萨诸塞州已经创办了哈佛大学，康涅狄格州也成立了耶鲁大学，弗吉尼亚州则有威廉大学和玛丽大学，新泽西州有普林斯顿大学。所以我们这儿至少要办好一所专科学校，然后在这个基础上逐渐发展成一所大学，一所我们费城人自己办的大学！"

富兰克林的话立刻赢得了一片掌声，会员们的情绪一下子激动了起来。

"费城大学！一所我们自己办的大学！"一个会员叫了起来，他仿佛已看到了一所雄伟的高等学府似的，兴奋得脸都发红了。

"那太好啦！我刚才怎么没有想到呢。"

"好主意，富兰克林！我们这就着手筹备吧。"另一个会员迫不及待地说。

霎时间分歧的意见统一了，大家开始议论着专科学校的初步规划：基金、校董会的人选、师资以及学费等。

"提起学费，朋友们，我有一个建议，供大家参考。"富兰克林颇有感触地说，"我自小就失去了上学的机会，因为我父亲没有足够的钱。我想，目前像我当年那样贫穷的孩子还有的是。所以我建议，我们应该建立清寒学生免费制度，让没有钱的孩子也有受教育的机会。"

"对，我附议！"

"我也附议！"

共读会的会员几乎都是贫寒出身，他们和富兰克林一样，也曾是被关在校门外的孩子。

办学校的事情就这样决定了。

接着富兰克林编写和出版了一本小册子，题为《有关费城青年教育的建议》。

他没有提到他自己，只说有一位热心教育事业的绅士，建议创办一所技术学校。他把办校的宗旨、学校的规模和远景简单而又明了地写了出来。

然后，富兰克林把小册子免费赠送给城中有地位的人。

富兰克林在小册子中说道，第一批移民中很多人都在欧洲受过很好的教育，但殖民地的教育却被忽视了。现在已到了弥补这一疏忽的时候了。

他提议由有闲暇并富有公益精神的人集资开办一所学院。

富兰克林认为学院应该有合适的校舍，最好能距离一条河不远，有一所花园、果树、草地，有一两块田地。

最为理想而且应该有一座图书馆，藏有各国的地图、地球仪、一些教学仪器、一套供自然哲学和机械学实验用的仪器。还有各种出版物，关于各地风景、建筑物、机械等。

学生应该朴素、有节制和节俭地集体进餐，并经常进行跑步、跳跃、角力和游泳方面的锻炼。

富兰克林敦促学生阅读自然史、商业史和关于技术发明、制造业的兴起，贸易的进步、其所在地的变化及其原因等的历史。

在学生们读自然史时，可以讲授一点园艺、种植法、移植法和嫁接技术。

学生们还可以不时地进行短途旅行，到邻近的最好的农民的种植园去，观察并了解他们的劳作方法，以利于青年的培养。

最后，应该坚持不懈地对全体学生进行教育和培养，让他们成为仁慈宽厚的人，培养他们抓住每一次机会去服务、去尽职的习惯——也就是形成良好教养的基础。

富兰克林在《有关费城青年教育的建议》中，为8岁至16岁的青少年制定了教育思想和教学内容。这些建议实际是对当时流行的刻板的、循规蹈矩的学校教育制度的挑战和批判。

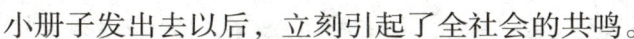

小册子发出去以后，立刻引起了全社会的共鸣。

大伙儿有钱的出钱，有力的出力。富兰克林也积极为创办这所学院募捐和奔走。

捐款人推选出了董事，并指定富兰克林和首席检察官法兰西斯起草学院的组织章程。同时，富兰克林和他的朋友还忙于租校舍、请教师等筹办工作。

1749 年 11 月 3 日，由 24 名董事的学院董事会组成，富兰克林当选为校长。这一职位他一直担任至 1756 年，在那以后仍是学校的董事。

1751 年 1 月 7 日，学院开学了。

后来的费拉德尔菲亚大学就这样创立起来了。美国今天的费城大学就是在这所技术学校的基础上发展起来的。

富兰克林刚把学校办妥，他的一个朋友汤姆斯·本德医生，又来找他商量开设医院的事宜。

"富兰克林先生，请原谅我打扰您。我知道您很忙，可是……"医生抱歉地说。

"欢迎您光临。如果我对您有什么用处的话，我愿意为您效劳。"

富兰克林朝他微微地鞠了一个躬。

"您知道，这几年费城的人口不断增加，可是医疗条件很差，几乎停留在原有的水平上，因此，我打算办一所医院，解决本地居民的就医问题。"

"多么出色的计划！"富兰克林热情地赞许着说。他对公益事业总是竭力支持的。"可是我能为您做些什么呢？我对医学太无知了。"

"不，先生，我需要的，不是您的医学知识，而是您的声誉。"汤姆斯神秘地笑了笑说。

"我的声誉？"富兰克林感到迷惑了。

"事情是这样的，富兰克林先生，在我到您这儿来请求援助以前，我已经把我的计划告诉过一些人，可是他们没等我说完就问：'你找过富兰克林没有？他是怎么说的？'甚至有人说：'我们听富兰克林的。他怎么说，我们就怎么办。'看来这件事情没有您出面，还真不行呢！"医生解释着说。

"瞧您说的。不过，要真是这样的话，汤姆斯博士，您就把这件事情交给我吧。"

富兰克林慨然把办医院的事情承担了下来。

富兰克林有一条信念：凡是对大众有益的事，不管多么困难，他都尽力去完成，而且不接受任何报酬。

他常常说："我日常所需的一切，都靠大伙儿供应，我为大伙儿出这么一点儿力，就能抵消得了吗？"

筹建医院确实困难重重。来自乡村的议员首先表示反对，认为这是城里人的事情，因此他们拒绝通过拨款的提案。

面临着这个障碍，富兰克林对乡议员开了一个小小的玩笑。他了解到，乡议员之所以拒绝拨款，完全出于妒忌。他们认为，医院既然开设在城里，受益的自然是城里人，他们不能光花钱而一无所获。

针对这一情况，富兰克林避开市议会，直接向州议会提出申请，要求拨款资助建立医院。他在申请中说明建立医院的宗旨，并保证市议会所拨的款项，一定和州议会的相等。

州议会同意了富兰克林的申请，拨款 2000 英镑，作为医院的基金。

这一下乡议员没话说了，因为州里都拨款啦。于是为数 2000 英镑的提案顺利地通过了。

富兰克林又向费城居民募捐了一部分钱。由于群众对他十分信任，捐款的总数竟达 1000 英镑。

作为医院理事会理事，富兰克林应理事会要求，撰写并印刷了《宾夕法尼亚医院纪要》，于 1754 年 5 月 28 日交给理事会。

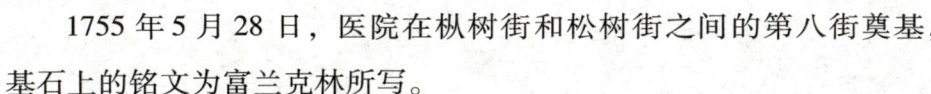

1755 年 5 月 28 日，医院在枞树街和松树街之间的第八街奠基，基石上的铭文为富兰克林所写。

6 月 30 日，富兰克林当选为董事长，后来在新落成的大楼里主持了董事会第一次会议。

医院是在汤姆斯博士和富兰克林精心筹划下建成的。

18 世纪 50 年代初，似乎是费城的新事物层出不穷的时期。

1752 年 4 月 3 日，一群费城的生意人坐在一起，其谈论的话题是组建美洲第一家火灾保险公司。

富兰克林是被推选出来的 12 名董事之一，而且名次仅在州长汉密尔顿之后。富兰克林和霍尔印刷并在《宾夕法尼亚报》上发表了火险公司的方针。

大力改革美洲邮政

富兰克林曾经说自己对于公职，从不追求，从不拒绝，同时也从不辞职。

然而，富兰克林至少有过一次例外，那就是他对北美邮政总代理这一职位不仅争取过，并且是竭力争取过。

1751 年 5 月，原任北美邮政总代理、弗吉尼亚的艾利奥特·本杰尔病危，富兰克林非常希望自己成为继任者。

但富兰克林这样做并非为了取得高官厚禄，而是为了实现一个他心怀已久的远大理想。

这个久已形成的计划，其实就是十年前富兰克林倡办过的美洲哲学学会。

尽管这个学会，不如富兰克林所期望的那么活跃，而他的电学和政治上的兴趣也使他偏离了一般哲学，但他心里始终牵挂着他的美洲哲学学会。

富兰克林希望，越来越多的有才能的人，彼此间保持通信联系。不仅在费城，也不仅在宾夕法尼亚，而是在整个北美殖民地。

但要实现这一夙愿也不是那么容易的事，最主要的障碍之一就是缓慢、昂贵而且不安全的邮政系统。因此，富兰克林认为这一系统必须加以改造，而他作为美洲哲学学会的秘书，能做到这一点。

同时，费城是学会的中心，富兰克林又是费城的市民，他希望费城在各方面都拥有重要地位。就个人来说，富兰克林看重的不是拥有这一职位所能直接、间接得到的经济收益，而是作为皇家邮政官员的荣耀，以及扩大对整个美洲了解的机会。

就在给格林森写信的 5 月，富兰克林买下了德里家在市场街的一幢房子，把邮政局从印刷厂迁到那里，并在本杰尔手下任主计官，管理各地邮局的账目。

本杰尔去世后，身为主计官的富兰克林，于 1753 年夏季花了十个星期时间，巡视新英格兰的邮政事务。

8 月 10 日，英国邮政大臣任命富兰克林为"英王陛下在北美大陆的各省及领地的邮政总代理"，年薪共为 600 英镑，从邮资所得中支付。

同时得到相同任命的，还有威廉堡的邮政局长、《弗吉尼亚报》的出版者威廉·亨特。

1730 年，邮政总署设在弗吉尼亚，而从这时起，威廉堡和费城一南一北分管整个北美殖民地的邮政。

富兰克林对威廉·亨特印象不错，两人在公务上配合默契，但亨特健康状况不佳，主要邮政事务往往落在富兰克林肩上。

富兰克林的儿子威廉·富兰克林受命为费城邮政局长，第二年富兰克林又擢升他为主计官。

于是，威廉·富兰克林将邮政局长的职务，交由朵布蕾的亲戚约瑟夫·德里担任。约瑟夫后来又将此职交由波士顿来的彼得·富兰克林担任。留在波士顿的约翰·富兰克林，也就是富兰克林的哥哥，从 1754 年起任波士顿的邮政局长。

富兰克林的哥哥在 1756 年 1 月去世后，邮政局长的职务由他的妻子继任，成为北美妇女担任公职的第一人。

自从掌握了地方邮政大权后，富兰克林便开始抓紧时间进行邮政改革。他建立起一套完整、清楚而简单的邮政系统，将表格和指示付印后发到各地邮局。

1754 年，富兰克林巡视了北部各殖民地的各地邮局，1755 年和1756 年又巡视了马里兰和弗吉尼亚的各地方邮政，从而认识了各地邮政局长，使其账目制度化，研究他们的具体困难，考察了各地的道路、河流涉水处和渡口。

到 1757 年，富兰克林带着他的儿子东渡英格兰时，他仍担任这一职位，只是将主计官的职务给了他在纽约的合伙人詹姆斯·帕克尔。由于富兰克林全面整顿了殖民地的邮政，他任职后第四年的邮政收入超过了前三年的总和。

在四年后的 1761 年，富兰克林和亨特终于收回了自己预支的钱，并向伦敦汇出了美洲邮政部门第一笔盈余。

富兰克林对邮政进行的大多数变革，都是以他在费城的邮政经验为依据的。长期以来，富兰克林一直把有信待领者的名字，登在《宾夕法尼亚报》上。这时他将这一做法推广到有报纸发行之地的邮局。

1753 年，富兰克林在费城建立了收费邮递制度，凡在到达当天没有被领取的邮件，由费城邮递员递送，不过得收取额外的邮递费。这一做法在其他大城市也被鼓励实行。

富兰克林还规定，将收信人姓名登在报纸上后，凡三个月内无人领取的邮件，须送交设在费城的邮政总局。这是美国"无法投递邮件的处理部门"的开始。

富兰克林废除了邮差免费投递报纸的垄断做法，规定所有的报纸均由邮差递送，但要支付邮资。

富兰克林进行的最有意义的改革，是要求各地邮政局长注意邮递服务的统一性和持续性，并且由于他改进了邮政服务的速度和安全性，使邮政事业广泛得到利用而繁荣起来。

在使北美洲分散的、各自为政的各殖民地联结为一体方面，富兰克林的功绩可谓无量，这奠定了现代邮政体系的科学基础。

为城市发明路灯

富兰克林认为，幸福是不可能从天而降的，而是在日常生活中，把有利于人类的东西点滴累积而成的。

如果一个人能够认真地观察周围的事物，那他一定能找到为人类谋福利的机会。

富兰克林是这样想的，也是这样做的。他平时非常注意对于身边的一切事情进行细致的观察，并从中发现有利于公益的事情。比如，他曾经发明的新式火炉、避雷针，都是非常实用的工具，对公众的生活产生了许多有益的影响。

富兰克林就是这样，默默无闻地为大众服务。他甚至在散步的时候，发明了城市的路灯，从而让费城的夜晚不再是漆黑一片。

那是一个晚上，富兰克林和家人在一起散步，当时他们经过了一位叫约翰·克利夫顿的绅士家门口。

那是一个满天繁星的晚上，一弯娥眉似的新月，斜挂在遥远的天边。费城的人民，经过一天的辛劳，都在家里享受天伦之乐。街上行人稀少，一片黑暗，可是那迎面扑来的清风，夹杂着不知名的花香，沁人心脾，使人心旷神怡。

富兰克林走着走着，突然看到前边有一只圆灯，高高地挂在一家宅院的大门上，把四周照得通亮。

在别人看来，这也许是一件极平凡的事情，但却给了热衷于公益事业的富兰克林极大的启发。

"灯光！"他若有所思地自言自语，"这小小的一盏灯，给行人的方便可大着呢。"

富兰克林环顾左右的黑暗，不由想起了伦敦的夜晚，不论大街小巷，都有照明的路灯。

当时电灯还没有问世，而是由市政机构雇用一批人员，专门担任点燃路灯的工作。那灯罩也是球形的，底下有一些小孔，使空气流通。

不过那种灯有一个缺点，点不了多久，罩子就蒙上了一层黑色的煤烟，减弱了光的亮度。况且那灯罩是个完整的球形，薄薄的，容易破碎。

富兰克林想，也要给费城安上路灯，而且还要改进原来的老式灯，使费城的夜晚明亮起来。那该多好啊！

经过一番思考后，富兰克林决定着手改进。他把路灯设计成四方形，顶上有一个喇叭形的烟囱，下面有可以使空气流通的孔道。

这样，经过燃烧的空气，很快就能从烟囱排出罩外，从而减少煤烟附着在玻璃罩上的机会。这样，清洁灯罩时，即使不小心，也只损坏一块玻璃，不会像球形灯罩那样，破了一处，整个灯罩就报废了。

他把新设计的路灯图样和装置灯的计划，提交议会讨论，同时又写成小册子，向市民们介绍路灯的好处。

费城人民虽然不像伦敦人那样习惯于晚上出去娱乐，可是他们对改进市容，还是很感兴趣的，即使让他们多交一些税，也乐于承担。

装置路灯的建议很快便通过了。

费城的路灯大放光明的那天晚上，人们把点亮第一只灯的荣誉，授给富兰克林，表示对他的感谢。

"不，这不是我的功劳。"富兰克林推辞说。

"我只是受了克利夫顿先生大门上那只灯的启发，才提出这个计划的。所不同的只是我把那只圆形的灯罩，变成方的了。因此，我认为，这个荣誉应该是属于克利夫顿先生的。"

"你太谦虚了，富兰克林先生！"克利夫顿先生也在现场，他看到

富兰克林这样谦虚，十分感动。

克利夫顿先生大声地说："虽然富兰克林先生说是受了我挂灯的启发，可是我相信，看到我家大门上那只灯的人，绝不止您一个人，可是能想到照亮整个城市的，恐怕只有您了。再说，我放那只灯，也只是无心的，没想到能对整个城市产生影响啊！"

"不，克利夫顿先生……"富兰克林还想推让。克利夫顿先生立即打断了他的话：

"不，富兰克林先生，请您原谅我打断您的话。您自然知道哥伦布和鸡蛋的故事，在他没把鸡蛋的一头敲碎以前，谁也不会想到用这样简便的方法，就能把鸡蛋竖立起来。目前您的情况就和当年的哥伦布一样，所以，这份荣誉，说什么也是属于您的！"

"好极了！克利夫顿先生说得对！"人群立即沸腾起来，人们热烈地鼓着掌，欢呼起来。

这时一个人把一支火把递到了富兰克林的手里，富兰克林也不再推辞，高高兴兴地在费城市议会门口，点亮了第一盏路灯。从此，费城的夜晚充满了光明。

一生钟情科学

富兰克林热爱生活，更热爱科学，他对斑斓的五彩世界充满了极大的热情和浓厚的研究兴趣。

虽然生活并没有给他提供很多进行科学研究的时间和机会，但是，富兰克林善于利用一切业余时间，哪怕在繁忙的商业、社会活动中，他也总能想方设法挤出点时间，探索研究他所热爱的大自然。

早在 20 岁时从伦敦返回费城的海途中，他就对所观察到的大气的突然变化，海豚身体颜色、光泽的变换等做过准确的记述。

富兰克林还曾经非常细致地观察过蚂蚁。1748 年，富兰克林把他观察到的蚂蚁的一些情况，告诉了一位瑞典生物学家。

富兰克林认为，在蚂蚁之间存在着一种类似交谈的东西。当然他不是随口乱说，他还为此专门进行了实验。

富兰克林最早感觉到，农村的农业资源不应被浪费。富兰克林还第一次把农业当作一门科学看待。他认为，农业不仅是一种生活方式，还和商业一样是一门很深的学问。

正是有了把农业当作科学的认识，富兰克林敦促自己所创办的学院，专门开设农业课程，讲授种植和园艺。

另外，在从事科学研究的这第一阶段，富兰克林还接近完全地观察和记述了一场旋风发生的情况。

后来又发明了新式取暖炉，还作了一次堪与第一流的气象学家媲美的关于气候现象的观察，同时他还对空气和光进行了研究和思考。

1752 年 4 月 23 日，富兰克林在给卡德瓦拉德·科尔登的信中，就曾专门谈到了空气和光。

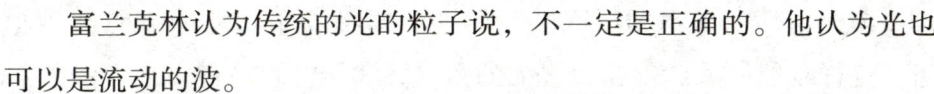

富兰克林认为传统的光的粒子说，不一定是正确的。他认为光也可以是流动的波。

富兰克林说："假定宇宙空间充满着一种微妙的有弹性的流质，当它静止时，是看不见的，但它的震颤则影响到了眼睛的视觉，如同空气的震动影响耳朵这种器官一样。"

也许富兰克林受到了当时一些前卫科学家提出的光波学说影响，但是富兰克林敢于对前人观点进行质疑的思想本身，就是值得钦佩的。

富兰克林的研究领域是多方面的，他还制作过医学器械。

有一年，富兰克林的哥哥约翰病了，需要进行导尿，而医院里还没有弹性的导尿管，所以病人导尿成了很大的问题。富兰克林通过思考，为他在波士顿的哥哥，制作了美洲医学史上第一根很有弹性的导尿管。

当时富兰克林首先自己思考和设计好，然后专门跑到了一个银匠那里，坐在那里指点着银匠进行制作，直至完工。富兰克林高兴地把导尿管寄给了他哥哥。

就是在这百忙中，富兰克林的敏锐的眼光，依旧不断地观察着在他周围发生的事物。

例如，1767年他在荷兰的时候，有人告诉他说，货船在浅水里的航速，要比在深水里慢得多。他回到伦敦后，请教了一些泰晤士河上的船夫，是否有这样的感觉。船夫们的回答是肯定的，不过他们对河水深浅跟船速的比例，说法不一。

以后，富兰克林每当乘船的时候，总细心地观察。他发现货船在水里航行时，必须排开和船底浸入水里同样容积的水，才能前进。而这受排挤的水，又必须擦过船的两侧，奔向船的后面。因此，货船如果在深水中航行，由于水的浮力大，船底和水的接触面小，划船的只要略花一些力气，就能使它飞速前进。而航行在浅水里的船，因为水的浮力小，扩大了水和船底的接触面从而增加了船只前进时的排水量，这样划船的人就得花费很大的力气，才能使它前进。

弄清了这个道理，富兰克林就着手改进货运的装载方法。他建议装运货物时，船尾上的负荷相应地要比船首重，使船首翘起来，减少它和水的接触面，这样行驶在浅水里的货船，也能迅速航行了。

富兰克林从来不满足于自己的成就，更不满足于自己的知识，他老抱怨自己没有把数学学好，以致他在考虑问题时经常遇到"此路不通"的路标，不能像其他科学家那样"通行无阻"。

一旦发现别人的实验结果跟他的理论有矛盾时，富兰克林总是怀着感激的心情，谦虚而又细心地——核对。如果发现自己的理论错了，立刻接受别人的正确意见。

他积累很多资料，做出了不少的假设。这些假设，只要对科学有用处，对人类有贡献，不管谁拿去应用了，因而获得荣誉，他从不计较。

富兰克林的兴趣是广泛的，尤其是为了争取美洲独立，出使欧洲各国那段时期，他有机会接触那里科学界的著名人士，如物理学家、数学家、生物学家等。他和他们交换意见，不懂的地方就虚心请教，认真学习，因此受到人们的尊敬。

他曾建议美洲植桑养蚕，像中国人那样用丝绸代替毛料和麻布。因为牧羊和种麻都需占用土地，而桑树则可以栽在宅边或路旁，既可美化家园，又可使过路的人在桑树下歇足乘凉。

最主要的是，蚕儿自由自在地在桑树上成长，到一定的时候，人们只要把蚕茧收集起来就行了。他这里指的，多半是中国的柞蚕。

富兰克林还把中国产的大黄种子，寄给在美洲的生物学家。这不是说美洲没有大黄，只因美洲的大黄仅供人欣赏，中国的大黄却是一种很好的药物，可以医治便秘、口疮等疾病。

1772年，富兰克林已年逾花甲，虽然有更多的公务需要他去完成，可是他依旧孜孜不倦地学习着。他经常忙里偷闲，阅读各种书籍，答复朋友们的来信，起草讲稿。

他也和其他上了年纪的近视眼老人一样，在看较近的东西的时候，得把眼镜摘下，而看远处又得把它戴上。

富兰克林很快就想出了一个解决这种困难的好办法：他设计了一种近视镜和老花镜合在一个镜片上的双光眼镜。这样一来，使用这种眼镜的人，不论看远或是看近，只要移动自己的眼睛，就免除了把眼镜摘下或戴上的麻烦。

总之，富兰克林是个多才多艺的人。可以这样说，科学之于富兰克林，是蕴含于日常生活中的一种情趣，是他的一种业余爱好。

富兰克林在日常生活中不断发现新奇的东西，并认真观察它们，研究它们。

如果用一句话对富兰克林的科学生涯进行总结的话，那就是：

富兰克林是从天上偷窃火种的第二个普罗米修斯。

当选自卫队总指挥

从 1754 年 9 月至 1755 年 1 月，富兰克林辗转在纽约、新英格兰和波士顿之间。在这些地方，富兰克林与朋友们，特别是同马萨诸塞的州长威廉·谢利讨论了关于殖民地联合的问题。

1755 年 1 月，富兰克林从波士顿回到了费城。这时，费城的政治形势十分紧张。在战争拨款的问题上，州长与议会各执己见，陷入僵局。于是，富兰克林立即投身到这场对代表业主特权的州长的斗争中。

经过富兰克林的多方努力，尽管矛盾仍未解决，议会同州长亦即业主暂时达成了妥协。

同时，富兰克林起草了一个建立和训练国民自卫队的议案，其措辞尽量注意使反对战争的教友会教徒可以接受。

1755 年 11 月 25 日，富兰克林的议案在议会通过。该议案规定，该州的自由人组成联队并且选举自己的指挥官，由州长或司令官批准。

议会还指定了一个以富兰克林为首的七人委员会管理军费开支。这时边疆形势更加紧张，加强边防已是刻不容缓。七人委员会发布命令，征召了 300 人入伍，防守边境或驻守即将修筑的碉堡。

为了动员民众，富兰克林写了一篇《关于宾夕法尼亚目前局势的三人对话》，登在 12 月 18 日的《宾夕法尼亚报》上。文中尽可能提出了一切反对建立国民自卫队的观点，然后逐一加以反驳。

1755 年 12 月 18 日，富兰克林率领 50 名骑兵和 3 辆宽轮大篷车，出发前往伯利恒视察防务。富兰克林一行到了伯利恒之后，发现那里

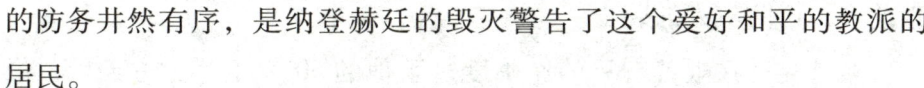

的防务井然有序，是纳登赫廷的毁灭警告了这个爱好和平的教派的居民。

由于伯利恒的防务情况良好，富兰克林一行人在那里只过了一夜便向倍烈斯汗去了。同伯利恒相比，倍烈斯汗一片混乱。富兰克林马上组织人手建立城防。同时，富兰克林还和其他的巡察官员一道征集了200名自卫队员。

忙活了十天，城防已见成效，富兰克林一行离开伊斯顿前往里丁，到达那里时已是1756年元旦的下午。宾州州长莫里斯正在那里等他们，共商同保持友好立场的印第安人签订条约以及防务措施的问题，然后同返费城。

然而，元月3日，一名通讯员来告知说，设防不久的纳登赫廷在元旦那天遭到印第安人袭击，损失非常严重。边防线上最薄弱也是最重要的一点，又一次暴露在敌方的攻击面前，时刻有遭到袭击的危险。

正在会谈的州长及巡察官们决定，派一名巡视官返回纳登赫廷重建那里的堡垒。

富兰克林被派去执行这一危险而艰巨的任务。临行前，富兰克林从州长莫里斯那里获得了在诺桑普敦施行行政管理、分发军火、任免自卫队军官的全部权力。

实际上，这份任命并不是州长心甘情愿授予富兰克林的。他在纽约和马萨诸塞、新泽西的州长举行商谈，回到费城后，发现费城国民自卫队已选举了富兰克林为指挥官。

富兰克林在伯利恒逗留了一个星期，一边安抚民心，一边征召民兵前往纳登赫廷，并派出部队守卫位于山区的城镇。

元月15日，富兰克林率领着他的人马，包括士兵、一队熟练的伐木工人、边区农民、一名医生和一名随军牧师动身了。

在向纳登赫廷行进途中，队伍的两翼都派出了侦察兵在山林中搜索前进，以防敌人的袭击。

富兰克林在艰苦行军的途中度过了他的50岁生日。三天后，他们抵达了纳登赫廷。五天后，他们的堡垒完工了。堡垒由新砍伐的木头一根接一根、牢固地栽在地里，地面部分高达四米，形成一堵高墙，墙的内侧搭有两米高的木板踏脚，供守军士兵站在上面从墙上的枪眼向外射击。

整个堡垒长8米，宽17米。防御没有火炮的印第安人，这样简陋却也坚实的堡垒足够了。到第二个星期日，他们升旗鸣枪，用州首席法官的名字将这堡垒命名为"艾伦堡"。

后来，他们又筑起了两座木堡，分别是艾伦堡以东15公里处的诺利斯堡和以东同样距离处的富兰克林堡，都是以人的名字命名的。诺利斯是州议会议长的名字。

在此期间，富兰克林已在诺桑普敦县组织了13个联队，共计500人的国民自卫队。富兰克林还亲自率侦察队往周围地区的树林中搜索印第安人，虽然没有找到印第安人的踪影，却使印第安人明白，白人在这一带建了堡垒，派驻了守军。印第安人一时不太敢出山袭击了。

2月1日，富兰克林收到议会通知，被告知议会开会，日期是2月3日。

富兰克林带儿子立即上路，在2月5日夜里赶回了费城。在议会开会期间，费城国民自卫队2月24日正式选举了富兰克林为指挥官，得到了州长的批准。

在富兰克林第一次检阅了费城自卫队后，官兵们伴随他回家，并一定要在他家门前鸣炮致意。

在富兰克林携儿子返回费城期间，宾夕法尼亚州议会和州长、业主的斗争正在激烈进行。业主和州长这次想把富兰克林争取到他们的营垒中来。

州长提议，由富兰克林以将军衔领兵前去夺取杜奎恩堡，但富兰克林看出了他们的用意，因而并不热心。

不久，莫里斯便去职了。继任的州长丹尼上尉从英格兰为富兰克林带回了皇家学会授予他的金质奖章。

在费城为丹尼举行的招待会上，丹尼把奖章交给了富兰克林，并作了表达敬意的致辞。

宴会过后，丹尼与富兰克林进行了私谈。丹尼极力地想要证明业主对于宾夕法尼亚怀有良好的意图，并且希望富兰克林能够促使议会放弃对业主的各项措施的抵制，富兰克林本人也一定会得到业主的酬谢。

富兰克林对州长对他表达的好意表示了感谢，并表示愿尽力使他顺利执政，但希望他不会像他的前任那样，只会听众业主摆布。

亲自到英国请愿

1756 年 11 月，一队印第安人袭击了艾伦堡，宾夕法尼亚的形势空前危急。面对危机，必须尽快出台新的法案，增加防御力量。然而这时业主的代表州长和人民的议会之间，却产生了矛盾。

12 月，州长要求议会拨款 12.5 万英镑用于第二年的军务，但是议会却只拨款 10 万英镑。

1757 年 1 月，州长又否决了议会的议案，并说还要将议案的副本上交给英国国王。

议会则于 2 月 28 日决议，派代表到英国去提交自己一方的理由；次日，又决定派富兰克林出使英国。

在当时的情形下，如果费城人民自己不做防御准备，他们的边境一定会遭受敌人的袭击。在这种情况下，富兰克林说服了议会，只是在这场合下让步，而不在原则上让步。就这样，议会顺利通过了一项符合业主指示的议案，州长也立即批准了。

同时，富兰克林作为州议会的使者，在 4 月 4 日和儿子一起，离开费城往纽约搭船，直奔伦敦向英国国王请愿去了。

1757 年 7 月 26 日，富兰克林如期到达了伦敦。到达伦敦后，富兰克林首先去拜访了老朋友朗思医生。朗思得知富兰克林的来意后，认为他不应立刻就直接向政府申请，而是应该先向业主提出请求，并准备替富兰克林安排同业主托马斯·宾会面。

几天以后，富兰克林和以托马斯·宾为首的业主在春园举行会谈。

富兰克林陈述了议会申诉的要点，但业主们要求他通过书面方式

将其一一列出来交给他们。

8 月 20 日，富兰克林把一份书面的申诉要点交给他们时，他们又要富兰克林和他们的律师谈。富兰克林严词拒绝了，他声言除了业主本人外，他不和其他任何人谈判此事。

就这样，富兰克林和业主一直僵持了很长时间。

在这段僵持的时间里，富兰克林也没有闲着，他和儿子参观了许多地方，会见了多位朋友。

其间，富兰克林还研制了一种称为"玻璃琴"的乐器。那是他根据理查德·波克里奇 1743 年发明的"音杯"的原理研制而成的。富兰克林将这种乐器称为"阿莫尼卡"，就是玻璃琴的意思。阿莫尼卡问世后，骤然流行于世，而且持续了很多年。富兰克林对此不无自豪。

在业主们拖延答复的长时间里，富兰克林还接待了不少来访者。其中有马萨诸塞前州长谢利、富兰克林在殖民地邮政事务上的合作者威廉·亨特，还有詹姆斯·拉尔夫。

对富兰克林来说更有意义的，是不期然而然地有了从事科学探索的空闲。这次到伦敦来，富兰克林随身携带或是就地设计制作了最强有力的电学器械。

1757 年 12 月 21 日，富兰克林写信告诉皇家学会会长约翰·普林格尔，谈到了在宾夕法尼亚时一例电疗瘫痪病人的效果。另外，在伦敦，富兰克林还新认识了一些朋友，其中就有第一个在英国从空中引卜雷电的约翰·坎顿。

在来英国的时候，哈佛大学委托富兰克林购买电气设备，他也没有忘记，不但购买了，还进行了认真的装配，并为它配备了一份详细的说明书。

1758 年元月，一个谣言从波士顿传来，说富兰克林被授予男爵爵位，并被任命为州长了。虽然这不是真的，但富兰克林的确在 2 月

12 日，被圣安德鲁大学授予法学博士学位。

1758 年 5 月，富兰克林又和儿子一起，到剑桥大学和化学教授约翰·哈德里一起做蒸发实验，并由此想到许多用水的蒸发来降温或测风向的事例。同年，富兰克林到苏格兰去旅行，9 月 5 日爱丁堡给予他市下院议员与同业公会成员的荣誉。

富兰克林还会见了不列颠最敏锐的思想家大卫·休谟，苏格兰的历史学家、后来的爱丁堡大学校长威廉·罗伯逊，格拉斯哥的教授亚当·斯密。此外，富兰克林父子还造访了普列斯顿菲尔德的医学院院长亚历山大·迪克爵士。

格拉斯哥的自然哲学教授约翰·安德森则陪伴富兰克林经来斯到圣安德鲁大学，在那里，富兰克林得到了学位证书。

富兰克林并没有消极等待业主答复，在那段时间里，他要争取一切机会，为他的殖民地人民争取权利。

富兰克林除了和见到的每一个可能有影响力的人谈这件事，而且诉诸出版物，以求影响公众舆论。

与业主进行斗争

1758 年 6 月 10 日，在给州议会的信中，富兰克林提到了自己的目的，旨在消除人为偏见，尊重客观事实，民众充分发表意见，以便消除各阶层之间的隔阂。

富兰克林还出版了一本书，把这场争执的来龙去脉作了详细交代。书出版以后，业主们群情激奋，因为书中犀利的语言刺中了他们的痛处。业主们很快准备了一份答复，寄给了宾州议会。

作为业主，这些人每年从其领有的殖民地获得大笔的收入，但是出于阶级的偏见，他们自视为那一州的所有者，却又不愿对它的发展甚至安全负任何责任。

这时，他们的感觉是在自由的名义下受到了威胁，这威胁不仅来自顽固的议会，也来自这个来到伦敦的狡猾的能人，煽动舆论来反对他们，以便夺取他们的领地。他们决心阻止这一企图得逞。

1760 年 6 月，枢密院种植园事务委员会在提交的报告中，反对宾州议会通过州长签署的发行纸币十万镑，以及业主的地产也须纳税的议案，理由是它公然践踏天赋公理、英国法律和皇室特权。

在这种情况下，原打算到爱尔兰去的富兰克林则留在伦敦度夏，参加对此案的审理。

在这项法案的审理中，业主终于认识到，达成妥协比废除法案要好，而富兰克林作的让步是微不足道的。这场斗争以宾州议会获得胜利而告终。

9 月中旬，富兰克林带着儿子心满意足地离开伦敦，去了考文垂，在那里又计划去柴郡、威尔士、布利斯特尔和巴斯，后来又游览了利物浦、格拉斯哥和伯明翰。

至11月中旬，富兰克林他们回到了伦敦，但暂时不能回美洲。因为富兰克林接到了新的任命，他被任命为宾夕法尼亚在伦敦的官方代理人。

1762年1月，富兰克林决定返回费城，当时英法正在交战，他得等待军舰护航。就在等待期间，富兰克林又得到了一系列荣誉。牛津大学授予他民法博士学位。

不久，富兰克林又被授予宾夕法尼亚在英王陛下朝中的代理人、皇家学会会员、新泽西州州长。

11月1日，回到费城的富兰克林受到热烈的欢迎。

1763年2月19日，议会的议长代表议会发言，向富兰克林致谢。另外，富兰克林还为报效美利坚做了大量而重要的工作。

回到美国后，富兰克林把大部分时间用于处理邮政事务。

当时，加拿大已在英国手中，纽约和蒙特利尔及魁北克之间必须建立某种通讯联系。

富兰克林视察了从南部弗吉尼亚到东部新英格兰的地方邮政局。1763年4月至5月，他在弗吉尼亚逗留了三四个星期，同他的新同事约翰·福克斯克罗夫特会晤。6月，他在纽约和那里的新州长卡德瓦拉德·科尔登及驻美英军总司令杰弗里·阿姆赫斯特晤谈。

1763年，北美的英法对抗停止了。然而，这并没有带来北美印第安人和殖民者之间的和平。

印第安人越来越清楚地看到殖民者的所为，他们预计在军队退去后，接踵而至的必将是越来越多的移民，夺去他们的土地，剥夺他们在故土打猎的权利。因此，印第安人，甚至包括一向同英国殖民者友好相处的"6族"印第安人，都开始骚动不安起来。

同时，在兰卡斯特县，一些帕克斯顿和多内戈尔城的苏格兰和爱尔兰籍移民组织起来，自称"帕克斯顿之子"，将怒火发泄到了宾州境内安分守己的印第安人身上。这时，富兰克林站了出来，他要扭转这种局面。富兰克林认为，无论"帕克斯顿之子"的动机是什么，它首先是彻头彻尾的暴行和残杀，而这就绝对是错误的。

1764 年 1 月，富兰克林用热烈的感情和动人的笔调写下了《近来兰卡斯特县屠杀印第安人的实录》一文。

文章印成小册子发表之后，暴徒们凶险的面孔暴露出来。就在传闻暴徒即将到来的一片恐慌之中，头脑冷静的富兰克林组织了又一个协会，当然他自己第一个报名，随后数百市民跟着加入，拿起了武器。

2 月 3 日，州长召集议会，要求通过一项关于制止暴乱的议案，议案在当天就被审阅通过了。

8 日，议长和 15 名议员碰了头，又匆匆散会了。突然，有人报告说，有一些暴徒正杀气腾腾地向城市逼近。全城都紧张起来。当天夜里，州长亲自来到富兰克林家中，后面紧跟着他的参事会参事们，来向富兰克林求教。

不久，暴徒们在另一处渡口过了河，叫叫嚷嚷地来到距费城 15 公里的日耳曼城。在那里，他们停下来了。

富兰克林应州长的请求，只带了三个人出城来见他们。出来之时，四人都抱着"宁为玉碎不为瓦全"的牺牲精神，一脸的无畏神色。

富兰克林对闹事者仍然是晓之以理，动之以情。但是他们心里是紧张的，因为万一暴徒坚持要进入费城的话，费城人民即将面临一场浴血厮杀。

万幸的是，一番唇舌之后，暴徒们转身后退了。外表一直镇定如常的富兰克林望着他们退去，松了一口气，和同伴们回城去了。11 日，暴徒们完全散去了。

州长及其政府的庸懦无能在这次事件中显露无遗，他们越来越遭到人民的蔑视。州长等人则加深了对富兰克林的忌恨。

外患既经消除，议会和州长即业主之间的矛盾再一次激化。这一次，业主在宾州的统治开始动摇。

在议会休会期间，富兰克林撰写并印刷了一本题为《关于我们公共事务目前形势的冷静思考》的小册子，在费城的政界引起了轩然大波。当时，北美殖民地居民已对英国在殖民地的政策十分不满。

1764 年 5 月，议会召开了，议题是向英国国王请愿，要求英国国王直接统治宾夕法尼亚。5 月 26 日，伊萨克·诺利斯辞去了他荣任 14 年之久的议长之职，富兰克林当即被不记名投票选举通过继任这一职务。

于是，富兰克林以议长的身份签署了他起草的请愿书。其后，他主持了 5 月会期中剩下的会议和 9 月的短期会议。

10 月 1 日的议会选举中，与富兰克林持相同意见的人占了优势，因而在新一届议会开会时，他们不仅决议向英国国王请愿，而且还于 10 月 26 日选举富兰克林作为代理人，会同现任宾州代理人理查德·杰克森一起去完成这一艰难的使命。

反对派也举行了游行，反对这一选派。和在竞选中不同，这一次，富兰克林进行了回应。11 月 5 日，富兰克林写了《评最近的一次抗议》一文，其结尾这样写道：

现在我即将离开，也许是最后离开这块我爱的国土了。

在这里，我度过了我生命的最大部分。

我祝愿我的朋友繁荣昌盛，我宽恕我的敌人。

富兰克林由 300 位朋友骑马陪同到距费城 21 公里的切斯特搭船，从那里，伽雷和另两位朋友伴随富兰克林登船，一直送他到纽卡斯尔才下船离去。

毅然担任请愿代表

1764 年 12 月 9 日，富兰克林乘坐的船顺利地抵达了怀特岛。

这次的航行可谓是顺风顺水。富兰克林怀着愉快的心情走下船，登岸后，他立即赶往克来门街的斯蒂文森家。

当富兰克林进门的时候，斯蒂文森家中只有女佣一个人。原来玛格丽特·史蒂文森和她的女儿都出门了。

富兰克林在那里等了好长时间，才听到大门的响声。是玛格丽特·史蒂文森回来了。当她忽然看见富兰克林的时候，立刻走上前去，高兴得把手里的书都丢在了地上。

富兰克林此次受宾州议会委派来英国请愿，有两个目的。

一个是请求英国国王建立对宾夕法尼亚的直接统治，另一个是反对英国国王批准印花税法。

前者是为宾州人民请命，后者是为全体北美殖民地人民的共同利益而斗争。

为了达到目的，富兰克林必须去游说英国的当权者，既不能让步，又不能触怒他们。

因为宾夕法尼亚的业主们是很有影响的，他们一直在发挥着独特的作用。富兰克林不得不同他们展开激烈的争夺，争夺当权者的支持，争夺舆论的同情。

但是第一项请求就不太顺利，富兰克林发觉枢密院的态度十分冷淡，甚至不愿意倾听请愿书的内容。

在这种情况下，美洲殖民地的人民开始猛烈反抗了。

富兰克林本人一直不太赞成暴力，他主张一边依法实行，一边进行斗争，以便争取通过合法途径废除那不合理的法案。

可是民众却不会克制自己的情绪。

抵制实施印花税法案的行动率先在弗吉尼亚揭竿而起。随后，各种各样的传单像警钟一样传遍了北美殖民地的各个角落。

当马萨诸塞的州议会召集州际代表大会时，各殖民地的普通老百姓已经组织起来，准备集体抗议了。在这次大会上，各殖民地的人民却空前地团结起来。

1765 年 8 月，印花税征税官的姓名在殖民地公布后，从纽汉普什尔到南卡罗来纳的殖民地的人民开始揭竿而起强烈抗议了。

波士顿的反抗运动最为猛烈，也给一些当权者造成了极大的威胁。

在紧急情况下，富兰克林的朋友宾夕法尼亚的休斯和康涅狄格的英格索尔都受到了起义者的威胁，他们被迫辞职。

由于这场广泛的反抗和抵制，英美之间的国际贸易降到了半数。为此英国上下大为震惊。

现在，富兰克林发现，自己原来力图将这两个部分拉到一起，现在看来是不太可能了。

因为，富兰克林同时被这两个部分所猜疑。英国政府认为他是殖民地一方的代表，而殖民地人民则认为他是一个亲英派分子。他一时陷入两难的境地。

实际上，如果让富兰克林来选择，他会毫不犹豫地站在殖民地人民的一边的，因为他本来就是他们其中的一员。

但同时，富兰克林又不愿看到帝国的分裂。一个完整的大英帝国还是富兰克林的理想。但是，现在的时局表明，这种理想已经不可能实现，富兰克林必须作出抉择了。

经过慎重考虑，富兰克林重新确立了自己的立场，即以殖民地人民的要求作为自己一切行动的依据。他认为做到这些对自己来说，并

不是什么难事。

富兰克林要以殖民地人民的要求为依据，去促使英国当局废除印花税法案。

然而，摆在富兰克林面前的形势却又使他无从下手。最重要的因素是新的罗金厄姆内阁上台后，与殖民地人民完全持相反的立场。

但是，个性坚忍的富兰克林并没有就此打住。他知难而进，积极地同一般的英国政治家反复交谈，力图和他们充分地沟通思想，使他们充分地理解乃至接受自己的观点。

富兰克林还积极与英国和美洲殖民地有关的工业资产阶级、商人、运输业等人士联系，鼓动他们要不断地向议会和政府施加压力。

1765 年 12 月 4 日，许多这样的厂主、商人和船主在金斯阿姆斯酒店聚会，酝酿全国各地城镇联合上书请愿，要求废除这个被富兰克林称为"罪恶源头"的法案。

1766 年 2 月 13 日，富兰克林这个当时最有名的美洲人出席了听证会。

当时，向富兰克林发问的有敌人也有朋友。敌人是企图让富兰克林作不利于废除印花税法的回答。朋友们则相反，尽量使他论证废除这一法案的必要性。

功夫不负有心人，听证会最终以富兰克林的胜利而告终。

听证会结束后一个星期，废除印花税的提案就在下院通过了，很快上院也通过了，并于 3 月 8 日得到了王室批准。

在废除印花税的斗争中，富兰克林可以说立了大功，他和英国决策人物之间那场短兵相接的较量让人瞩目。

富兰克林机智、策略而绝不丧失原则的雄辩，连敌对者都为之倾倒，使得英国统治集团不得不服输。

其后，富兰克林答辩的全文以《讯问》为名先后在伦敦、波士顿、纽约、费城和威廉堡发表，次年又在斯特拉斯堡发表。在美洲殖民地人民眼中，富兰克林成了英雄。

原来那些对富兰克林种种的诬陷和攻击都荡然无存，代之而来的是赞誉和掌声。

然而自 1766 年 2 月印花税废止起，英国当局对于美洲殖民地的压迫不但没有减轻，反而变本加厉了。英国政府的做法引起北美殖民地人民的普遍不满，英国与北美殖民地的关系日趋紧张。

这些极大地触动了富兰克林，他为此焦灼。他忧虑的是眼看着英国政府的殖民地政策使得殖民地日益远离了它。

富兰克林此时的思想是矛盾的，一方面，他认为殖民地与英国是一体的，这样有助于双方的强大；另一方面，他又认为英、美应是平等的，英国国会无权向殖民地征税，而这是不可能的。

这样，使得英国政府认为他亲美；美洲殖民地认为他太过温和，有亲英的嫌疑。

而富兰克林，却不能改变自己的思想，他继续以弥合双方的分歧为己任。

在当时的情况下，殖民地与英国的关系已经势同水火，矛盾日益激化。1768 年，马萨诸塞州议会联络弗吉尼亚议会，共同发出巡回信件，呼吁殖民地各州团结御侮。

英国政府颁布法令，解散马萨诸塞议会；还准备将殖民地领导反抗的强硬分子拘往英国，以叛国罪论处。

殖民地人民愤怒了，波士顿的商人率先起来，领导了全国性的抵制英货运动。殖民地人民组织起来，用武力抵抗英国税吏的搜查和压迫。这次空前广泛的反英运动，不仅抵制英货，而且要求废止该条例。

这是一种利害冲突，英国统治者为了发展本国的资本主义工商业，不惜用各种手段打击、摧残北美殖民地的工商业。

这一次，英国的商人、厂主甚至工匠都站在他们的政府一边。

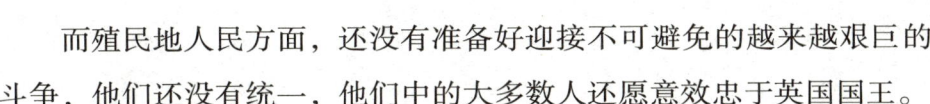

而殖民地人民方面，还没有准备好迎接不可避免的越来越艰巨的斗争，他们还没有统一，他们中的大多数人还愿意效忠于英国国王。

就在这时，英国当局对反抗的殖民地人民进行了一次血腥的镇压，这就是"波士顿惨案"。

这时的富兰克林被委托为马萨诸塞的代理人。从维护北美殖民地利益出发，富兰克林义无反顾地站在殖民地一边，为北美洲殖民地的利益奋斗。

对殖民地人民，富兰克林虽然认为有一切理由反抗，但希望反抗形式不要过于激烈。对英国当局，富兰克林把所有的镇压措施归咎于当权者的顽固和不明智，寄希望于由较好的大臣执政。

富兰克林心目中的英、美应是一个强大帝国内两个可以共存共繁荣的个体，他要为这个美好的前景努力、努力、再努力。

勇敢承担罪责

富兰克林自 1764 年出使英国后，一直在伦敦待了十年，没有回过殖民地。在英国，富兰克林结识了许多科学界的朋友。其中既有英国的，也有欧洲大陆的。

英国当权者早已下定决心，要将富兰克林从英国政坛和英美事务中驱除出去，问题是需要机会。

机会终于被他们等到了，那就是 1773 年至 1774 年的时候，发生了轰动一时的"赫金森信札"事件。

"赫金森信札"并不是赫金森一个人所写，它指的是 1767 年至 1769 年间由马萨诸塞州州长托马斯·赫金森写的六封信，首席检察官安德鲁·奥利佛写的四封信。这些信的收信人都是一个人，即在格兰维尔和诺思手下工作的英国官员托马斯·惠特利。

赫金森和奥利佛都是美洲民众的敌人，他们身为马萨诸塞人，却讨厌并破坏当地的民众组织。

在 1765 年至 1766 年公开反对印花税法案的斗争中，波士顿的人民群众毁坏了赫金森和奥利佛家的房屋。不久后，身任副州长的赫金森和任州秘书的奥利佛写了这些密信，他们在信中建议英国官方对殖民地人民实行高压政策。

这就证实了殖民地内部的高官中，存在与英国政府通风报信的人，而这正是殖民地民众所深恶痛绝的。

因为托马斯·惠特利已于 1770 年 6 月死去，所以这些信落到其他一些人的手里。后来，这些人又把信件转到了富兰克林手中。至于这些人的姓名，富兰克林为了信守诺言，始终没有披露。

富兰克林拿到这些信看了以后，认为是这些写信的人误导了英国政府，因此英国政府才会对殖民地实行高压政策。所以，富兰克林觉得应该让马萨诸塞的领导人知道信中的内容，以便让殖民地人民了解他们的斗争目标。

归根结底，富兰克林的目的是让英国政府和殖民地双方消除"误会"，以保持英帝国的联合与统一。

1772 年 12 月 2 日，富兰克林将十封信的原件寄回了波士顿，同时他还亲自写了一封信，谈了自己对此事的看法。

这个时候，北美殖民地的人民对于英国政府的政策却越来越不满，他们的愤怒情绪需要表达。

特别是 1773 年下半年，英国和北美殖民地之间的关系继续恶化。这时英国政府征收的茶叶税，成为双方矛盾斗争的焦点。

1773 年 12 月 16 日，波士顿茶党面涂油膏，头戴羽饰，化装成印第安人，登上了东印度公司的三艘船，将价值 1.8 万英镑的 342 箱茶叶全部倾入海中。

很快，在纽约、新泽西等地也都相继发生倾茶事件。

英国政府采取高压政策，1774 年先后颁布系列法令，封锁波士顿港口，取消马萨诸塞州的自治，在殖民地自由驻军，等等。

这更激起殖民地人民的强烈反抗，使英国政府与北美殖民地之间的矛盾尖锐，公开冲突日益扩大。

这就是著名的"波士顿倾茶事件"，它可以说是美国独立战争的导火索。

波士顿茶党行动的消息传到伦敦，富兰克林不以为然。富兰克林认为，倾茶事件是"暴烈的非正义行动"，波士顿人对此应主动、迅速地作出赔偿。

而在这时，富兰克林还不知道，他自己的一场莫大麻烦已经近在咫尺。原来，马萨诸塞州的议会领导人收到富兰克林转给他们的信件后，十分气愤，向英国政府要求解除赫金森的州长和奥利佛的首席检察官的职务。

于是，赫金森信件的情况逐渐为世人所知。在这种情况下，原来的收信人托马斯·惠特利的遗嘱执行人威廉·惠特利受到了舆论谴责。

威廉·惠特利怀疑约翰·坦普尔拿走了这些信，并把他传播了出去，所以他非常生气，就找那个坦普尔进行决斗。在这种情况下，富兰克林认为该是自己出来说话的时候了。

由于这场纷争是因公众舆论而起，富兰克林就采取了能够平息公众舆论的最简捷途径。富兰克林选定在圣诞节在《公众广告》报上刊登了一则声明，在声明上富兰克林说明那两人对此事一无所知，毫无干系。

富兰克林说，是我一个人得到这些有关信件，并将它们转寄到波士顿的。惠特利先生不可能传递它们，因为这些信从来就不在他的手中，而出于同样的理由，坦普尔先生也不可能取走它们。

富兰克林的登报表明了只是自己个人承担了一切责任，对他得到这些信的来源和在波士顿的收信人，他一直严格保守秘密。

在伦敦的哪几个人给了他这些信，一直是个谜。因此，英国当局的怒火就一股脑儿地集中到他身上了。

1774 年 1 月 8 日，富兰克林得到通知说，王室枢密院种植园事务贵族委员会，准备在下个星期二倾听马萨诸塞州议会关于要求撤除赫金森和奥利佛职务的请愿书。

1 月 10 日下午，富兰克林接到通知说，州长和首席检察官的代理人伊斯雷尔·莫杜特已受到召见，准备提出意见。

富兰克林由此得知，现在自己已被置于一个不利的位置上。

第二天，在举行听证会的科克皮特，比平时更多的贵族出席了会议，副检察长威多博出场为赫金森和奥利佛辩护。

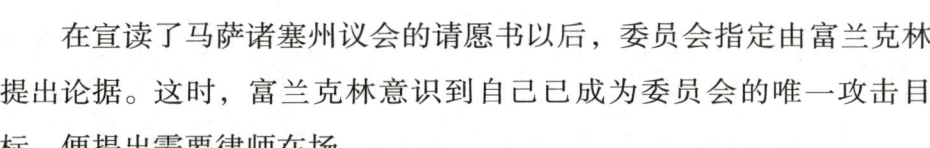

在宣读了马萨诸塞州议会的请愿书以后，委员会指定由富兰克林提出论据。这时，富兰克林意识到自己已成为委员会的唯一攻击目标，便提出需要律师在场。

这样，会议延期两个星期举行，双方各自散去做准备去了。其间，听证会的事早已像长了翅膀似的传遍了伦敦的大街小巷，各种各样的传闻在城里疯传。

不过消息来源于何处，没人能说得清。实际上，无论富兰克林和他的律师如何努力，也扭转不了在贵族委员会辩论时的逆境。

富兰克林已经承认了自己转寄那些信件的事实，而又拒绝披露其过程，那他只能忍受一切的指责了。

此外，这次会议是英国当局蓄意安排的，从选择了副检察长来为赫金森和奥利佛辩论这一事实本身，就可以看出内阁的意图。

关于这次听证会的安排，可以看作是英国当局的借题发挥，借机让富兰克林名声扫地，来否定马萨诸塞州议会的请愿书，最终达到打击北美殖民地反抗斗争的目的。

1月29日，第二次听证会正式召开。在枢密院的会议室里，委员会的委员们在一张长桌前就座，会议主席高尔坐在桌子的首席。旁听席不设座位，旁听者只能站着。

富兰克林本人站在房间一头的壁炉左边，正对着长桌边的那群贵族。他偶尔向人群中扫去几眼，看到了也在旁听席中的朋友。

双方都准备好后，听证会开始了。

首先，有人把富兰克林写给多德摩的附有请愿书的信、请愿书、议会决议，最后还有那些信，一一地读了一遍。

然后富兰克林的律师邓宁作了精彩的发言。他说，这不是一件法律诉讼案，也不是检举弹劾。州议会的决议和请愿书只是在向国王请求撤销州长们的职，以平息不安定的局面。

听到这里，威多博开始为州长辩护了。在长达一个小时的针对富兰克林的攻击谩骂中，威多博接近疯狂。不过最后他还不忘大肆颂扬州长们一番，来结束自己的发言。

68岁高龄的富兰克林戴着他那老式的假发，穿着曼彻斯特出产的带花纹的天鹅绒礼服，站在壁炉旁边一动不动，连脸上的表情都纹丝不动。

听着委员会不仅不作丝毫征询和核查，反而以一阵阵掌声相应和，富兰克林的目光中只有冷静。

富兰克林知道，在这样的情势下，抗辩是毫无意义的。他只能保持沉默。在当时，沉默似乎意味着认罪。但只有沉默，从长远看来，才有可能转化为两人中的强者。因为这时的沉默，也代表无言的蔑视。

谁也不会想到，此情此景，富兰克林最感忧虑的并不是眼前，他忧虑的仍是英美关系的前途。就这样，富兰克林怀着一种愤怒和绝望，以自己特有的精明和明智，听完了威多博的长篇攻击。

委员会的决议是立即向枢密院提交报告，否定马萨诸塞州议会的请愿书，因为它是基于虚假而错误的借口之上的。会议就这样结束了。威多博走出会议厅来到接待室，受到他的朋友们的热烈欢迎。

2月16日，富兰克林接到一封信，通知他已被解除了北美邮政总代理的职务。看来，当局在听证会之前就已经准备好这样做了。

富兰克林决定回击，写了《关于赫金森

信件》的短文。富兰克林在文中表示：

对那些泼到我人格上来的污秽之物，我任它们留着，我并不努力要除去它们，那反而会弄得满身都是，而是指望着那些东西干了以后便会自行脱落。

一位荷兰友人让·英根豪兹写信告诉富兰克林说，他在得知消息后十分难过。

富兰克林却在回信中表达了自己的自信，他认为自己没有错，一切迟早会大白于天下的，而且自己也不会失去真正的朋友。

的确，威多博代表英国当局对富兰克林的攻击和辱骂，并没有使富兰克林失去朋友的信任。

在听证会上，富兰克林在旁听席上的朋友们已经对威多博愤愤不平。他的朋友柏克认为威多博的攻击简直是不着边际，施布恩称之为粗野下流的骂街。

特别是朴里斯·德里更是气愤到了极点，后来在接待室里当威多博走过去想和他搭讪时，他立即转身走开了。

特别是听证会的消息传到马萨诸塞，所有对富兰克林的猜疑即刻不攻自破，富兰克林重又成了美洲殖民地人民的英雄。

敌对者的谩骂攻击恰恰增加了自己人的信任，并没有出现他们预料的树倒猢狲散的情景，这是那些政敌们始料不及的。

恢复平民身份的富兰克林写信告诉马萨诸塞人说，他可能对他们已无实际用处，但他愿意在继任者阿瑟·李逗留法国、意大利期间仍留在伦敦，一如既往地处理州议会在伦敦方面的事务。

寻找和平解决途径

波士顿倾茶事件使英国当局十分恼火，他们决定进行报复。

1774 年，英国当局颁布了五项高压政策的法令。这五项法令的颁布实施把北美殖民地人民的不满和愤怒推向了高潮，那里的人民称之为"不可容忍的法令"。

抗议运动如同烈火燃遍了北美殖民地，各殖民地人民纷纷行动起来，支援在英军围困下濒于绝境的波士顿人民。

1774 年 9 月 5 日，各殖民地议会派出代表在费城召开第一届大陆会议，共商反英斗争的大计。在第一届大陆会议上，北美殖民地独立的主张提出来了。

虽然富兰克林已对英国国王和英国内阁不抱什么希望，但是现在他的思想和立场，还没有完全转到用革命来最后解决英国对殖民地的镇压、剥削上来。

现在的富兰克林还十分矛盾，一方面他担心英国的疯狂镇压措施会激起殖民地的民变，使矛盾升级。另一方面富兰克林指望美洲殖民地人民的斗争会引起英国内阁更迭，使开明的英国政治家上台执掌政权，这样也许还有挽回的希望存在。

而英国统治阶级中，也有一些不同意采取走极端的统治方式的人士，他们对于内阁目前的殖民地政策，也感到忧虑不安。这部分温和的统治阶级，也在寻找某种渠道来和殖民地人民沟通，以妥协让步的办法解决危机。

富兰克林抓住机会表达了自己的心愿，他希望英国的有识之士发挥作用，纠正目前内阁的错误做法，以恢复英国和殖民地之间的和平

与团结。

而当时的英国国王乔治三世，在听说封锁港口的决议生效，从而使波士顿人沮丧、屈服的消息后，自以为高压措施已经奏效，变得更加肆意妄为。

富兰克林在伦敦的处境日益艰难，内阁中的人散布流言，使人认为他是引起殖民地与宗主国间误会的根源。他不得不经常更换住处，以避免被捕。

为了使双方达成和解，富兰克林还继续留在英国。除了同温和派人士卡萨姆勋爵保持密切联系外，富兰克林还和另一批同卡萨姆怀有类似意愿的英国官方人士进行了接触。

但是英国政府方面不打算继续和富兰克林交涉，他们也想再等待一下，希望殖民地方面自己让步。然而这是不可能的，殖民地方面对于英国政府的行径早就厌烦透顶，他们是不可能轻易放弃自己的自由和权利的。

1775年2月4日，富兰克林做了最后一次尝试，和英国政府方面的温和派人士进行了会谈。但由于双方分歧太大，谈判失败了。

2月28日，富兰克林提出将马上返回美洲，因为这时他已得知妻子朵布蕾逝世的噩耗。

一周后他礼节性地会见了一些英国重要的官员，结束了与阁员的交涉，他现在认为交涉已经没有多少实际意义。

在离开伦敦前几天，富兰克林最后同老朋友柏哥雷、朗思见了一面，他们依依话别。

富兰克林在伦敦的最后一天是和老朋友朴里斯·德里一起度过的。朴里斯·德里从富兰克林的谈话中听得出来，他为内战即将发生而深感忧虑，可自己感到问心无愧，因为他已经尽心尽力了。

谈话中，富兰克林有些激动。他眼含泪水告诉朋友，如果真的打起仗来，他相信北美洲殖民地人民将取得胜利。富兰克林对故乡北美殖民地充满深情，出使伦敦十余年，无时不牵挂着故乡。

为了北美殖民地的利益，富兰克林一直希望殖民地留在英帝国内部，和宗主国一道繁荣强盛。为了心目中的大英帝国的理想，富兰克林置个人的荣辱毁誉于不顾，尽一切努力周旋于英国权贵之中。

可事实上这是不可能的，英国政府与殖民地之间的冲突，是根本上的利益冲突，殖民地人民既然要得到自由和权利，那就必然与英国政府的国策有矛盾。

这同样在富兰克林自己的梦想中，能够反映出来。

富兰克林梦想的大英帝国，是北美殖民地和英国本土的平等，是坚持北美殖民地人民的自由和权利，这就注定了他百般的外交努力必然归于失败。但是，富兰克林失败得悲壮，失败得光荣。

这一失败也使富兰克林多年的美梦破碎无遗，也让他的思想得到了彻底转变。他从此不再抱什么和解幻想，他将在独立战争中得到新生。

献身事业

良好的态度对于事业与社会的关系，正如机油对于机器一样重要。

—— 富兰克林

投入独立事业

1775 年 3 月底，富兰克林从朴茨茅斯坐上了返回故乡费城的船只。富兰克林眼含热泪，毕竟他在英国已经待了十年的时间。

现在的故乡不知道有多少变化，富兰克林望着苍茫的大海，想象着遥远的故乡。

一个多月后，当富兰克林再次踏上故乡费城的土地时，莱克星顿战役爆发了，伟大的美国独立战争终于打响了。

这给人一种错觉，好像是富兰克林回到美洲，领导了这场战争，为他 1775 年 1 月在英国所受的诽谤和羞辱报仇雪恨。

无论是富兰克林的朋友还是敌人，多半都抱有这样的看法。但富兰克林并不顾忌这些对他私人的成见，他准备一回到美洲，就全身心地投入到殖民地人民的革命斗争中去。

在富兰克林回到美洲之前，人们早就知道了消息。他一下船，人们举行了隆重的欢迎仪式。

回到美洲之后，富兰克林最希望看到的就是儿子威廉还有他在宾夕法尼亚的年轻战友伽雷，他希望他们现在也站在革命的一边。

富兰克林还记得，当他在最艰苦的斗争中，他们是和他站在一起的。从私人感情而言，伽雷简直就是他的第二个儿子，他一直非常看重伽雷的才干。

而且，富兰克林深深地知道，作为英王委派的殖民地州长，威廉一旦站到了反对英王的旗帜之下，对英国政府的打击和对殖民地革命人民的鼓舞，都是不容忽视的，两个人的加盟会大大有利于革命力量的壮大。

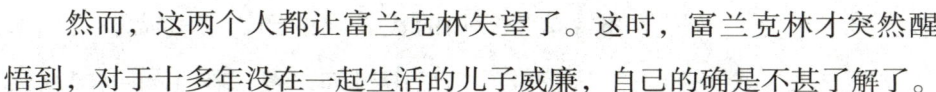

然而，这两个人都让富兰克林失望了。这时，富兰克林才突然醒悟到，对于十多年没在一起生活的儿子威廉，自己的确是不甚了解了。

这么多年来，富兰克林将儿子视为天然的知己，在通信中几乎是无话不谈，可偏偏没有觉察儿子思想上的变化。

两代富兰克林中，年届 70 的父亲成了革命者，正值壮年的儿子却留在了压迫和镇压者的反动势力的营垒中。

在 8 月的最后几天中，富兰克林到珀斯·昂博依去了一趟，在儿子那里小住了几天。但是，父子商谈的结果，只在继续各行其是上达成了一致。威廉完全不能理解父亲的政治感情，更不能接受父亲的政治观点。

富兰克林在 9 月给儿子的信中指责说："你这个彻头彻尾的朝臣，是用英国政府的眼光看待一切的。"言辞间透着一位老父亲的伤心、失望和怨愤。令富兰克林更加伤心的是，威廉·富兰克林一直忠实于他的公务。在被殖民地革命派囚禁了一个时期后，他竟然又开始当上了纽约效忠派协会的会长。

伽雷在革命爆发后在美洲待了三年，而后去了英国，当了伦敦的美洲效忠派流亡者的代言人。后来，富兰克林的儿子威廉·富兰克林也去了伦敦。

与伽雷和威廉他们两个人，尤其是和儿子在政治上的分道扬镳，恐怕是无论事业还是家庭都比较顺利的富兰克林一生中最令他伤心遗憾的事情之一。

不过，这种不快并没有把富兰克林湮没，因为他很快被北美殖民地如火如荼的革命斗争拉回到现实。

回到费城的第二天，富兰克林就被宾州议会选为代表参加第二次大陆会议。会议于四天后在费城召开。

1775 年 5 月 10 日，大陆会议在宾夕法尼亚州政厅召开。会议主要是处理莱克星顿的有关事务。在此之前，南卡罗来纳、北卡罗来纳、弗吉尼亚、马里兰和特拉华等州的代表都已经云集费城。

第二天，会议代表们从伦敦的来信中得知，英国国王和英国议会对第一次大陆会议的请愿书根本没有考虑。

在这次会议代表中，富兰克林是年龄最大，同时也是发言最少的代表。

实际上，富兰克林在会议上默然聆听或干脆打瞌睡，是因为会议讨论的许多问题早已在他头脑中有了结论。他是在看着这些年轻人在一步步学会他已经知道的东西。

7月间，会议表决通过了向英国国王递交一份措辞更恭维的请愿书。

比起在座代表，富兰克林更了解英国国王和他的内阁，他相信递交请愿书只能是徒劳无益，多德摩不会将它转呈英王。正如富兰克林所料，8月从英国传来消息，宣布美洲人是叛逆，警告所有的人不得帮助他们。

富兰克林看到，殖民地必须武装起来，只能靠武力才能迫使英国内阁寻求和平解决。在那么多年寻求和平解决办法的过程中，成功不仅遥遥无期，而且还越闹越僵。由此，富兰克林得到教训，必须依靠武力来解决。

虽然富兰克林曾经那么热衷于和平，热衷于维护英国和殖民地的完整，但为了美国的利益，他还是决定了走革命道路。改变了思想的富兰克林，可以说比一般人更加反对妥协，更加义无反顾。

早期外交通信的大部分工作落在富兰克林一人身上，因为他在欧洲有朋友，在这以前的一些场合已经相互通过信。

就这样，富兰克林被推向了美殖民地的外交事业，而这也正是他十分愿意为之付出的。

1776年1月10日，当时费城的一名记者托马斯·潘恩发表了《常识》一文。这就像一声响亮的号角，独立的观念开始在整个大陆的大地上飘荡，独立已经深深植入了革命人民的脑海。

2月15日，富兰克林接受了大陆会议的委派，前往加拿大争取法属加拿大人对北美殖民地的支援。英国很快作出反应，颁布了封锁令，禁止任何国家同北美殖民地之间的贸易以及殖民地之间的贸易。

消息传来，大陆会议针锋相对地宣布，北美殖民地的港口向除了英国以外所有国家开放。同时，北卡罗来纳的各殖民地，纷纷向他们在大陆会议的代表发出指令，投票赞成独立。

让富兰克林担心的事情终于发生了。他的儿子威廉·富兰克林作为殖民地时期英王委派的新泽西州长，在这次暴风雨式的变革中受到了冲击。革命群众将威廉·富兰克林押往他在柏林顿的庄园，看管起来。5月24日，大陆会议决定将威廉遣送到康涅狄格。

尽管由于他父亲富兰克林的缘故，威廉可能受到一些宽大，但他毕竟是效忠派分子。在康涅狄格，无论是在假释期间，还是确实监禁在里奇菲尔德监狱，威廉度过了两年多的阶下囚生活。

6月10日，大陆会议委派一个委员会起草一份宣言。这份宣言可能向全世界公布。委员会包括杰斐逊、亚当斯、富兰克林、康涅狄格的罗杰·谢尔曼和纽约的罗伯特·李温斯顿。这五人碰头后，推选杰斐逊草拟初稿。初稿完成后，杰斐逊将它拿给富兰克林和亚当斯过目。

6月28日，该委员会将宣言草稿提交大陆会议。

7月4日，经大陆会议修改过的宣言被通过了。8日中午，会议向群集在州政厅外的费城群众宣读了宣言。

10日，宣言在《宾夕法尼亚杂志》上发表，这就是举世闻名的《独立宣言》。8月2日，会议代表签署了《独立宣言》。

富兰克林对宣言的初稿作了少许改动。

对杰斐逊指控英国国王批准议会法案以剥夺他们的宪章，从根本上改变他们政府的形式，富兰克林在两句之间插上了一句"废除我们大多数有价值的法律"。

这是因为富兰克林记起，当年宾州议会通过的许多法案都遭到英国议会否决。杰斐逊写道，北美洲殖民地的请愿书被一次又一次伤害，富兰克林将其改为"仅仅答以一次又一次的伤害"，以加重语气。

对于杰斐逊指控英国政府派遣外国雇佣军，企图将他们淹没在血泊中，富兰克林将它改为不那么夸张的"消灭我们"。但最后这一处被大陆会议删去了，以避免伤及英国人民。

亚当斯也只对初稿作了少许改动。

富兰克林受命在 7 月 4 日至 8 月 20 日，为合众国设计印鉴。

7 月 18 日，富兰克林又接到命令和约翰·亚当斯一同起草一份和外国缔结同盟条约的盟约草案，供日后谈判时提出。

9 月 17 日，富兰克林他们的报告被通过了，其中包括一套商务条约、友好条约的文本。这些文本加上 9 月 24 日和 10 月 16 日给使者的指示，组成了"1776 年计划"。后来和法国及其他国家签订的条约，都是以"1776 年计划"为基础的。

这时的富兰克林真是忙得不可开交。他同时还要兼顾宾夕法尼亚的政务，因为 7 月 8 日他又一次当选了宾州制宪会议的代表，名列代表名单之首。

15 日，制宪会议开会，富兰克林任会议主席。20 日，他再次当选大陆会议的代表。在富兰克林忙于大陆会议方面的工作时，在州制宪会议上他只能多半时间相当于一位缺席顾问。

但在 9 月份通过的州宪法中，却包括了富兰克林提出的两项内容，一项是复式的行政参事会，另一项是一院制的立法机构。

恰逢此时，富兰克林收到了豪勋爵的来信。原来，就在《独立宣言》问世的前一天，3 月间从波士顿退到哈利法克斯的豪勋爵的军队在得到扩充休整后，在斯塔滕岛登陆。

在《独立宣言》公布后的一个星期之内，海军上将豪勋爵率领一支舰队和运输舰与他的兄弟汇集在一起，合二为一了。

除了英国部队和水手，他们还有 9000 名黑森军队，加起来的总数和华盛顿在曼哈顿的兵力大约是 2 比 1 的比例；在训练和装备上，美军更是望尘莫及。

在这种情况下，豪家两兄弟以特使的名义声称，对要求宽恕的叛乱者他们愿意给予完全的赦免，把战争停止下来。

对这封信，富兰克林受大陆会议委派，于 7 月 30 日以个人名义做了回复，断绝了豪勋爵和平解决问题的梦想。

1776 年 7 月底，在讨论新联邦国家的方案时，富兰克林提出各州应按其人数的比例和贡献大小来确定会议代表的人数。

8 月 1 日，富兰克林动议在会议上的席位按人口的比例而定。

就在大陆会议上的争论还在进行时，战场上的形势已急转直下。8 月 27 日，华盛顿在长岛战败，虽然撤回了曼哈顿，却没有希望长时间守住它。

这时，豪氏兄弟没有进攻，而是提出另一和解建议，要求大陆会议派出代表以私人身份前去和他会谈，寻求一种解决问题的办法。

富兰克林、约翰·亚当斯和南卡罗来纳的爱德华·拉特列吉临危受命，于 9 月 6 日去完成这项使命。

在为时三个小时的会谈中，豪将军谈得最多。然而，豪将军所提出的条件，只能是殖民地的主动屈服和让步，而且他也不能代表英国国王作出任何决策，会谈也不可能得到任何实质性的结果。

富兰克林等人根据会谈的实际情况，向大陆会议进行了报告。既然英国的和平使者无权承认大陆会议，而美国人民又绝不愿放弃独立，那么和平就无从谈起。

战事又要开始了。

为独立寻找外援

英国的海陆两军迅猛地向曼哈顿的华盛顿扑去，将他逼向北部的怀特·普雷恩，战况对殖民地来说，十分不利。大陆会议再次把目光转向法国的援助。

1776年9月26日，大陆会议秘密派遣富兰克林、杰斐逊和西勒斯·迪安作为会议在法国朝中的代表。

10月26日，富兰克林离开了费城。次日，他登上武装帆船"复仇号"向法国驶去。旅途中，富兰克林还和每次出洋时一样，每天都测量水温，研究海湾海流。

不同的是，此次出使，他身边有两个孙子为伴，一个是现已17岁的谭波尔，另一个是7岁的本杰明·贝奇。

一个月后，"复仇号"抵达法国布列塔尼海岸的基伯伦港，12月3日富兰克林在那里登岸改行陆路。12月7日，他到达南特。21日，他终于进入巴黎。富兰克林在法国人心目中，是个领导了北美殖民地人民进行反叛的大英雄。

三天后，美国的三位使者齐集巴黎，不过杰斐逊因故不能赴法，大陆会议临时改派阿瑟·李为赴法使者。

自富兰克林到达巴黎以后，英国也加强了外交活动。英国驻法大使斯多蒙特密切注视着法国人采取的每一行动步骤，对向美国表示的每一点好意都提出抗议。同时，富兰克林恢复了和法国学者的交往。

1月15日，富兰克林出席了皇家科学院的会议。1月26日，他和年轻的德·拉·罗吉福考尔·丹维尔公爵一同进餐。其后，丹维尔马上开始翻译美洲大西洋沿岸13州的宪法。

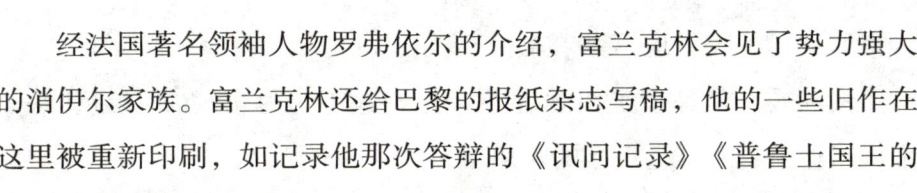

经法国著名领袖人物罗弗依尔的介绍，富兰克林会见了势力强大的消伊尔家族。富兰克林还给巴黎的报纸杂志写稿，他的一些旧作在这里被重新印刷，如记录他那次答辩的《讯问记录》《普鲁士国王的敕令》等；还写了些新作品，如《购买黑森人》等。

富兰克林住到帕西以后，由于他的名气和事业，他几乎被信件和来访者压得透不过气来。任何人只要想起关于美洲的话题，都给富兰克林写信。商人们则没完没了地申请到美洲去经商，最多的要求来自法国和欧洲其他国家的军官，他们想被推荐到美国军队中去。一般来说，他一律拒绝了。

但是也有例外，那就是罗弗依尔和索布尔。年轻的罗弗依尔急于要为战死于对英战争中的父亲报仇，同时也为了支持美国人民的事业。

尽管在罗弗依尔赴美前，富兰克林从来没见过他，他还是给华盛顿写了推荐信。索布尔曾供职于普鲁士统帅部，任普鲁士王弗雷德里克的副官，因而具有当时堪称一流的军官素质。

富兰克林决定大力保举索布尔赴美参军，索布尔倒也真是一员将才，不出几个星期，就把军队训练得有模有样。自那以后，经他训练的军队在军纪军风上足以与英军媲美。在他的训练场上，美国的民兵训练成了合格的军人。索布尔为美国的独立事业立下了汗马功劳。

和这些日常的外事活动相比，美国使团来法外交使命的中心部分却进展甚微。这也是可以理解的。以英国政府国务次长威廉·艾登为首脑的谍报机构，在富兰克林等美国使节身边布下了罗网，这给美国赴法使团带来了许多困难和麻烦。

1777年7月，富兰克林通过法国外交大使告诉法国国王，秘密援助已不足以使美国独立战争维持下去。

法国国王听了，对大使说，只要西班牙同意结盟，共同对付英国，法国也愿意这样做。然而就在这时，西班牙退缩了。同时，美洲传来的美军战况，也不容乐观。

法国人其实是在坐山观虎斗，他们并不想过早地参与到事件中来，以免给自己带来更多的麻烦。

在法国人面前，富兰克林保持着一贯镇定自若、谈笑风生的风度，实际却忧心如焚。

整个9月过去了，富兰克林他们从法国政府那里得到的只是沉默。而美国的战况还在继续恶化。11月，从英国传来消息说，费城被豪将军攻陷了。

没想到富兰克林对此却很乐观，他说："不对，是费城俘获了豪将军，而不是费城被攻陷了。我们最好是等待，等待战局的好转，他们对我们的立场也才会更有利。"所幸的是，他们等待的时日并不算长久。

12月4日，就有喜讯从波士顿传来：殖民地人民取得了萨拉托加大捷，英军将领柏高英全军投降，美军大获全胜。

萨拉托加大捷和日耳曼战役，是北美独立战争的转折点。这两个战役之后，华盛顿开始组织大规模的进攻和反攻。同时，也使美法间几乎陷于停顿的外交进程出现转机。

正在这时，英国特使到了巴黎，要求会见富兰克林。"给法国施加压力，让他们感到结盟的迫切性。"富兰克林考虑了一番，脑海中闪过一个念头。于是，富兰克林拒绝会见英国特使。

英国特使不得已，只好写信向上司说明，当前明智的做法是向美国使节允诺一切；不论以后兑不兑现，要尽一切努力阻止美法结盟。

然后，英国特使再次邀请富兰克林面谈，富兰克林又拒绝了。到了12月31日，西班牙的答复终于到了，西班牙反对签订同盟条约，法国要签约，只能单独行动。

得知这一消息后，富兰克林决定对法国政府施压。他答应了英国特使在元月6日见面，准备制造与英国和解的假象。

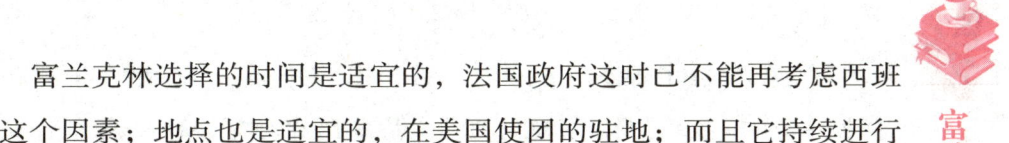

富兰克林选择的时间是适宜的，法国政府这时已不能再考虑西班牙这个因素；地点也是适宜的，在美国使团的驻地；而且它持续进行了两个小时之久，这让法国人认为，在这样长的时间里足以谈成许多问题。

这次会谈令法国国王和他的朝臣及政府极为不安。他们这时看到，美国即将倒向英国，要拉住它，只有缔结盟约。

就在富兰克林和英国特使会谈的第二天，法国国王的参事会投票表决，赞成同美国签订条约、缔结同盟。

富兰克林大功告成。

1778 年 5 月 4 日，大陆会议通过批准了《美法友好和通商条约》和《美法同盟条约》。英、法两国的大使被召来了，法国成为美国的盟友，英国和法国进入战争状态。

1778 年 7 月 4 日，富兰克林和亚当斯在帕西设宴招待法国朋友，纪念《独立宣言》发布两周年。宴会气氛热烈，人人脸上洋溢着开心的笑容。最后，宾主尽欢而散。

9 月 14 日，大陆会议投票否决了合作使团，选举富兰克林为唯一的驻法特命全权大使。

1779 年 3 月 23 日，富兰克林参加了就职典礼。他以特命全权大使的身份谒见了法国国王，受到了极高的礼遇。然后，富兰克林又和各国的使臣相见，拜访王室家族。

1779 年，富兰克林以大陆会议全权大使的身份，和法国海军部共同策划了对英国沿海的联合进攻，并取得了胜利。

富兰克林在担任近乎美国海军的海外官员的角色的同时，实际上他还是美国的海外财政官员。

自从美英爆发战争起，大陆会议便承担起浩大的财政开支，一直需要大量的金钱去向国外购买军火。

而当时殖民地的情况，又不具有向各州人民课征赋税的权力，而各州内部的征税也很困难。当时，各州内部并不完全团结，也存在着各种利益冲突。可以说，美国的独立战争既是反对英国的战争，又是一场内战。

在这样的情况下，广泛而大量地征税极易将一些摇摆、动摇分子转入反对独立的阵营中去。

大陆会议除了于 1775 年决定两次发行纸币 600 万英镑外，只能依赖巨额的战时贷款。所有这些款项都得由富兰克林向法国内阁申请，而这个内阁当时还承担着法国向英国开战的财政压力。而且，申请贷款的时机也不能由富兰克林自己决定，他得听从大陆会议的指示行事。

往往是大陆会议的汇票到了，法国政府的贷款还没有从国库拨到大陆会议在巴黎银行的账号上来，而可以贷出款的时候，大陆会议又没有提出要求。

事实上，富兰克林的确左右为难。一方面他不能违背大陆会议的指示；另一方面法国政府有预定的年度预算，他们不喜欢富兰克林突如其来地提出贷款要求。

这种上门请求贷款，常使富兰克林感到难堪；更难堪的是上了门，提了要求，还是借不到大陆会议提出的数字。但无论如何，富兰克林总是千方百计借到了所要求的贷款数额。

1781 年 9 月，富兰克林、亚当斯和杰伊被选派为同英国议和的使者。富兰克林对这一任命既看重，又忧虑。看重是因为这代表着荣誉，而忧虑是因为他看到历史上所有的和约，即使是在最有利的条件下缔结的和约，都会有人对其不满意。他宁愿自己不进入这一事件。

不过，富兰克林对于英国能够迅速缔结和约，几乎不抱任何希望，他知道英国政府的保守和顽固。

迎来美国的独立

1782 年 3 月 22 日，英国的哥尔门多利勋爵来到帕西，带来了好朋友施布恩的来信。富兰克林在回信中，向施布恩祝贺了英国政局的新发展趋势和即将到来的和平。

在此期间，富兰克林在伦敦时的另一位老朋友卡莱布·怀特福德也来拜访。怀特福德向富兰克林介绍了他带来的一位阿思乌德先生，说他迫切地想见富兰克林先生。

这位阿思乌德先生给富兰克林带来了两封信，一封是施布恩写的，另一封来自劳伦斯。

通过这两封信，富兰克林知道，在英国新上台的内阁中，施布恩任殖民地事务大臣，福克斯担任外交大臣。这就意味着，在未来的和平谈判中，在英国方面，英美之间的和谈归施布恩的部门管辖，而英法之间和英西之间的谈判则由福克斯的部门领导。

富兰克林和阿思乌德在 4 月 15 日进行了会谈。在谈话中，阿思乌德暗示，美国应以获得独立为满足，不应支持法国的什么特别的要求而使战争持续下去。

富兰克林推心置腹地跟阿思乌德讲了这番话。会谈结束后，阿思乌德和富兰克林像最好的朋友那样分了手。

第二天，阿思乌德回伦敦向施布恩报告去了，也带去了富兰克林给他的一封信。信中说，他和其他的美国和谈代表都被授予了充分的有关权力，希望阿思乌德也具有同样的全权。

阿思乌德 5 月 4 日又回到巴黎，转给富兰克林一封施布恩的信。信上只说英国人渴望和平，此外还说，外交大臣福克斯派了另一名使者和法国政府谈判。

实际上，施布恩已明确指示阿思乌德，不给美国任何赔偿；只有在美国独立于法国的情况下，美国独立才能获得英国的认可。

在富兰克林的安排下，法国大使、英国大使和富兰克林在 5 月 8 日举行了一次共同会谈。

进入实质性会谈以后，英方提出，法国应将在战争中夺取的英国的岛屿和英国在战争中占领的法国的岛屿交换，以换取美国的独立。

法国当然不会同意。富兰克林在一旁已经听出英方是在把美国的独立作为谈判中的未定因素，来换取更多的利益。

对此，富兰克林毫不退让。英方一时无言以对。法国大使答应把英国的要求通知西班牙和荷兰，然后等待他们的答复。这时，英国当局开始在和谈中使用对四个敌国分而议之的策略，企图对美国的盟国进行瓦解。对此，富兰克林心知肚明。

这时，英国大使给富兰克林看了一份伦敦的报纸，报纸上登载着英国海军击败法国舰队的消息，还报道了英军在东印度的几例胜利。

富兰克林看出英方是在暗示，谈判有利条件的天平正在向英国方面倾斜。但冷静的富兰克林透彻地看出，在英国政府授予其谈判代表以对美国议和的充分权力以前，一切磋商、谈判都无从谈起。

7 月，英国内阁发生了变故，施布恩担任了首席大臣。对美国来说，和谈的前景更乐观了。在英美和谈合法地正式开始以前，富兰克林并没有坐等。

7 月 9 日，在和阿思乌德举行的非正式会谈中，富兰克林提出了一份备忘录，上面列出了他考虑到的和谈基本要点。

9 月 19 日，阿思乌德被英国内阁任命为对美和谈代表，前来和富兰克林谈判。但正在这时，富兰克林的结石病发作，只得停下来休息，和谈由杰伊继续进行。

1781 年 11 月 30 日上午，美英两国的和谈代表在不告知法国的情况下，签订了《美英和平草约》。《英美和平草约》签过后，亚当斯、杰伊等人完成了使命。但是，富兰克林的使命还没有完成，他还要在法国盟友面前进行交代，还要继续从法国获得巨额贷款。

在接下来的星期二，富兰克林照例前往法国凡尔赛宫。他外表平静，心里却怀着背信弃义的负疚感。但法国大使十分平静，不仅没有流露出受了欺骗的不满，反而说英美和约的签订，将有助于英法和约的缔结。

富兰克林听了，这才将心放下。

9月3日，英国和法国的代表在凡尔赛，英国和美国的代表在英国代表大卫·哈特里在巴黎的住处签订了正式和平条约。

经过不懈的努力和艰苦的外交，美国人民终于赢得了独立，也迎来了和平。

时间过得很快，转瞬间，富兰克林进入了在法国任大使生涯的最后一年。这一年里，富兰克林还参与了美国和欧洲、北美国家间的缔约工作，一直到归国的前几天，他还在努力地工作。

在1784年至1785年间，富兰克林被授予了许多国际荣誉，他当选为马德里皇家历史科学院、奥尔良和里昂的科学艺术科学院、曼彻斯特文学和哲学学会的会员。

最后的岁月

同前两次从英国归来一样，富兰克林受到了家乡人民的热烈欢迎，只不过这次比前两次规模更加宏大，场面更加热闹。

富兰克林缓缓从船上走下来，他一边走，一边向欢迎他的人群挥手致意。人们发出了一片欢呼声。

在富兰克林抵达费城后还不到一个月，宾夕法尼亚州议会选举的日子就到了。富兰克林被选入了州参事会，接着又被选为参事会主席。

在热心参政议政之余，富兰克林仍热衷于一些发明研究，进行了一些日常生活用具的发明创造，如高架取书器等。

富兰克林暮年回到费城后，一直渴望能回老家波士顿去看看它的变化，探访故人。但是富兰克林早已行动不便，不能骑马了，平时出

门一般需要坐轿，有时是步行去州政厅。因此，富兰克林只能在他的第二故乡效命，他的第一故里也只能在他的梦里出现了。

就在美国独立战争就要结束时，应形势所需，美国成立了联邦政府，联邦政府取代了大陆会议行使权力。

但联邦政府的权力有限，各州仍保留着自己的主

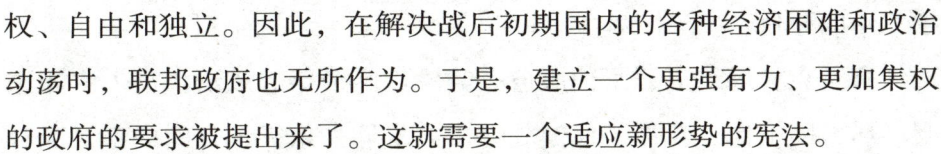

权、自由和独立。因此，在解决战后初期国内的各种经济困难和政治动荡时，联邦政府也无所作为。于是，建立一个更强有力、更加集权的政府的要求被提出来了。这就需要一个适应新形势的宪法。

1787 年 3 月 28 日，富兰克林当选制宪会议的代表。5 月 14 日，制宪会议在费城召开。在三四个月的会期中，富兰克林每天 11 时到会。

富兰克林在制宪会议中的作用主要是和解，不是引导代表们走向哪一特定的方向，而是设法使代表们保持一致。

到决议那一天，一些小州代表扬言，如果没有平等代表席位，就散会。但在富兰克林的协调下，人们的头脑冷静下来，会议开始了。

两天后，富兰克林再次呼吁持不同意见的双方，各自做些让步以达到立场的接近。

7 月 2 日，富兰克林被选入一个大委员会。在这个委员会中，一州只有一名代表，任务是在大、小州的议员议席问题上寻找出妥协的办法。

在大委员会会议上，富兰克林首先提出在两院都实行比例代表制，讨论的结果是较小的州不同意。最后，在富兰克林动议的基础上，委员会达成了妥协。7 月 5 日委员会向制宪会议报告了这一妥协方案。

9 月 17 日，星期一，是最后签署宪法的日子。宾州代表出现在州议会会场上，富兰克林向议长发布了联邦宪法签署了的消息。联邦宪法在宾州获得批准。

富兰克林终于有信心将美国的这部宪法比喻为东升的旭日了，他参与将这轮红日托出海面。这是富兰克林为他所热爱的祖国作出的最后的一大贡献。

1788 年 10 月，托马斯·密弗林当选州长，继任了富兰克林连任了三年的职位。

富兰克林最终离开了他服务于其中六十余年的政治生涯。多年来竭心尽力的工作，耗损了他健壮结实的身体，乐天、开朗的富兰克林终于被年老、疾病击倒了。

现在，富兰克林彻底闲下来了，他开始续写自传。其实富兰克林早在 1771 年就开始动笔写《富兰克林自传》了，不过由于平时工作太过繁忙，所以一直写写停停。

1786 年 11 月 26 日，清闲下来的富兰克林开始动笔续写自传，以后又中断了几次。

富兰克林从 1788 年 10 月 22 日起又写至 12 月 9 日结石病重为止。至此，富兰克林不能再执笔写作了。那以后，他只能口述，由外孙笔录。

最终，富兰克林在自己的生命终结之前，完成了《富兰克林自传》，前后历时 17 年。

1790 年 4 月 17 日，富兰克林好像知道自己就要离世，忽然起了床，请人们帮他整理一下床铺，以便让他死得像样些。

女儿莎拉·富兰克林听了非常伤心。她对父亲说，一定要好起来，再活许多年。

富兰克林却非常平静地说："我不希望这样。"

就在那天 23 时，这位伟人走完了他的 84 个春秋。本杰明·富兰克林去世后，人们为他立了两块墓碑。一块墓碑上刻着：

印刷工富兰克林。

另一块墓碑上刻着：

从苍天处取得闪电，从暴君处取得民权。

附　录

　　说起任何人都不可以用轻蔑的语气，无论他是国王还是奴隶。只有最毒的蜂才会用刺。

富兰克林

经典故事

∽ 勤奋的小学徒 ∽

科学巨匠富兰克林家境穷困，只读了两年书就失学了，12 岁时到一家印刷厂当学徒。

被迫辍学并没有阻止富兰克林的求知欲望。他不满足于当一个机械式的排字工，不像其他人那样只满足于检字排版，交差了事，而是把排字当作学习的好机会。他一边排，一边识字辨义，对所排的文稿内容也能初步领悟。

富兰克林不但在排字中学习，而且不放过一点工余的时间，一有空，他就去找在书店当学徒的小伙伴，向他们借书读。

为了按时把书还给人家，他有时通宵不睡，读到疲倦的时候就用冷水洗洗脸，然后继续读，直到读完为止。他每次都按时把书还给朋友，朋友们见他守信，便非常乐意借书给他。他读了一本又一本，从不间断，所以伙伴们怀着敬佩的心情称他是"读书迷"。

∽ 暗中投稿的小作家 ∽

读书多了，知识丰富了，富兰克林萌发了写作的冲动。

有一次，富兰克林看到一本刊物《旁观者》，发现里面的文章很好，就凑了点钱把它买下来。

他自己在认为很好的段落下做上记号，逐段逐段地背诵。几天后，他模仿原文的风格写了一篇文章，然后把自己写的与原文比较，发现缺点后，再动手修改。

当时，富兰克林的哥哥开办了《新英格兰报》。他每天都阅读这份报纸，他对这份报纸的栏目风格早已烂熟于心了，很想按这份报纸的要求写文章，但他不想凭哥哥的关系拿去发表。思来想去，他终于想出了办法。

一天早晨，富兰克林的哥哥在门口发现一篇文章，署名陌生。读了这篇文章后，他感觉不错，就在报上刊登出来。

隔了两天，同样在门口，他又发现与上次署名相同的文章，仍感到不错，又给发表了。

几次过后，这个署名陌生的人令富兰克林的哥哥很诧异，他决定弄个水落石出。

一个晴朗的早晨，富兰克林的哥哥终于发现投稿的竟然是弟弟。此后，富兰克林便在哥哥的报纸上不断发表文章。

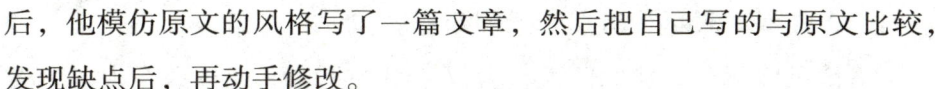

借书交到好朋友

富兰克林年轻的时候，曾在一家小印刷厂里工作，他把所有的积蓄都投在了那里，因为他特别想得到为议会印文件的工作。但他却受到了另一个议员的干涉。那个议员既有钱又能干，是印刷厂里的重要人物，他非常讨厌富兰克林。

面对这样的情况，富兰克林并没有灰心，他下决心要让对方喜欢自己。

富兰克林听说那个人的图书室里藏有一本很奇特的书，于是他便给那个人写了一个便笺，假装很诚意，想看那本书；并希望他能把书借给自己几天，以便自己能细细地品味一下这本书的奇特之处。

果真不出富兰克林所料，那人看过便笺之后，立刻派人把那本书送了过来。一个星期之后，富兰克林把那本书还了回去，并特意附带一封信，强烈地表示了对那个人的谢意。

事情过后不久，他们两人在会议室里相见了。以往那个人对富兰克林是爱理不理的，可这次却与以往不同，他不但主动跟富兰克林打招呼，而且还很有礼貌。从此以后，对于富兰克林的每一件事，他都乐意帮忙，久而久之，两人成了很好的朋友。这种友谊一直持续到那个人去世。

富兰克林之所以成功，是因为他在请别人帮忙满足他人的虚荣心的同时，也使他人感受到自己受到了尊重，这样就把敌人化成了朋友。

与自己的缺点进行搏斗

美国建国期间的伟人富兰克林有一个习惯，每天晚上都把一天的情形重新回想一遍。他发现他有 13 个很严重的错误，下面是其中的三项：浪费时间，为小事烦恼，和别人争论冲突。

聪明的富兰克林发现，除非他能够减少这一类的错误，否则不可能有什么成就。所以他一个礼拜选出一项缺点来与之搏斗，然后把每一天的输赢做记录。在下个礼拜，他另外挑出一个坏习惯，准备齐全，再接下去作另一场战斗。

富兰克林每个礼拜改掉一个坏习惯的战斗持续了两年多。难怪他成为美国历史上最受人敬爱也最具影响力的人物之一。

勇敢的实验者

1752 年 6 月的一天，阴云密布，电闪雷鸣，一场暴风雨就要来临了。富兰克林和他的儿子威廉一起带着上面装有一个金属杆的风筝，来到一个空旷地带。

富兰克林高举起风筝，他的儿子则拉着风筝线飞跑。由于风大，

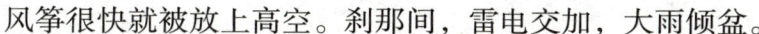

风筝很快就被放上高空。刹那间，雷电交加，大雨倾盆。

富兰克林和他的儿子一道拉着风筝线，父子俩焦急地期待着。此时，刚好一道闪电从风筝上掠过，富兰克林用手靠近风筝上的铁丝，立即掠过一种恐怖的麻木感。他抑制不住内心的激动，大声呼喊："威廉，我被电击了！"随后，他又将风筝线上的电引入莱顿瓶中。回到家里以后，富兰克林用雷电进行了各种电学实验，证明了天上的雷电与人工摩擦产生的电具有完全相同的性质。

富兰克林关于天上和人间的电是同一种东西的假说，在他自己的这次实验中得到了证实。

年　谱

1706 年，富兰克林出生于北美马萨诸塞的波士顿城一个小商人家庭。

1714 年，进语法学校学习。

1716 年，中断学业，帮助父亲工作。

1718 年，开始做学徒，从事印刷业。

1721 年，开始用假名向《新英格兰报》投稿，并做过该报临时编辑。

1723 年，毁学徒契约，前往费城当印刷工。

1724 年，为独立开业赴伦敦居 19 个月，当印刷工，发表论文《自由与贫困，快乐与痛苦论》。

1726 年，返回费城，先当店员，后当印刷厂工头。

1727 年，创办"共读社"，研究社会科学、自然科学的各种问题。

1728 年，与人合开印刷厂。

1729 年，创办《宾夕法尼亚报》，开办文具店，出版《试论纸币的性质和必要性》。

1730 年，和朵布蕾·德里结婚。儿子威廉出生。

1731 年，创办费城图书馆。

1732 年，出版《穷理查年鉴》创刊号。

1733 年，开始自学法语、意大利语、西班牙语和拉丁语。

1736 年，担任宾夕法尼亚州议会文书，组建费城联合救火队。

1737 年，就任费城邮政局长，改革费城警务。

1740年，发明新式暖炉。

1743年，女儿莎拉出生。

1744年，创办"美洲哲学学会"，自任秘书。

1746年，发表《平凡的真理》。组建费城的国民自卫队。开始电学实验。

1747年，通过各种电学实验，在电学理论上作出重大突破。

1748年，改印刷厂为合伙经营。当选宾州议会议员。

1749年，创办费拉德尔菲亚学院。

1751年，帮助创办费城医院。

1752年，进行了著名的风筝实验，发明避雷针。发表了《电学实验与观察》。

1753年，获英国皇家学会科普利金质奖，成为皇家学会会员。被耶鲁大学、哈佛大学授予硕士学位。与人合任全美邮政总代理。

1754年，作为宾州代表，出席殖民地代表会议，提出著名的"奥尔巴尼联盟计划"。

1755年，任费城国民自卫军指挥官。

1757年，发表《致富之路》。在议会提案铺设费城街道。作为宾州议会代表赴英请愿，反对业主在殖民地的免税特权。

1759年，被安德鲁大学授予荣誉博士学位。

1760年，通过努力使英国王室枢密院决定，殖民地业主的产业必须同样纳税。

1762年，发明玻璃琴，流行欧美数十年。被牛津大学授予民法博士学位。

1763年，开始改革邮政。反对屠杀一切印第安人。

1764年，作为宾州议会代理人赴英请愿，反对业主的劣政。

1766年，在英国下院进行答辩，促进了印花税法案的废除。当选汉诺威皇家科学学会会员。

1767 年，受法国国王接见。受命再任宾州议会代理人。开始筹划实现美洲殖民地西部领土计划。

1768 年，受托担任佐治亚州议会代理人。做关于船速在深水、浅水中变化的实验。开始研究语音学和拼写改革。

1769 年，受托担任泽西州议会代理人。出版第四版《电学实验与观察》。

1770 年，受托担任马萨诸塞州议会代理人。发表讽喻英美关系的《鹰与猫》等寓言三则。

1771 年，游历英伦三岛。开始写自传。

1772 年，当选法兰西皇家科学院外国会员。

1773 年，发表《普鲁士王之敕令》。出版《电学实验与观察》法文版。做海浪实验。研究感冒病因。

1774 年，解除北美邮政总代理职位。妻子朵布蕾逝世。

1775 年，当选北美殖民地第二次大陆会议代表。担任宾州治安委员会委员，和潘恩共同起草宾州宪法。

1776 年，参加起草《独立宣言》。任美利坚合众国邮政总长。当选宾州制宪委员会主席，研究海湾海流。

1777 年，继续从事电学研究。

1778 年，缔结《美法友好通商条约》和《美法同盟条约》。发表关于北极光的论文。

1779 年，受命任驻法全权大使。出版《政治、哲学论文杂集》。发表改革了的字母表。

1780 年，发明双光眼镜。研究室气湿度。

1781 年，成为波士顿"美洲科学艺术学会"会员。

1783 年，英国承认北美 13 州独立。入选爱丁堡皇家学会会员。

1784 年，发表《移居美国须知》、《评北美洲野蛮人》。

1785 年，当选宾州州长。发明高架取书器。重续自传。

1787 年，参加联邦宪法会议，促成宪法通过。担任政治研讨学会会长、宾夕法尼亚促进废奴协会主席。

1788 年，退出政治生涯，立遗嘱。

1789 年，撰写《关于奴隶贸易》。

1790 年，在费城逝世，享年 84 岁。

名 言

- 知足使贫穷的人富有；而贪婪使富足的人贫穷。

- 相信金钱万能的人，往往会一切为了金钱。

- 英明的人需要建议，愚蠢的人不采纳建议。

- 没有了正义，勇气也显得无力。

- 许多人抱怨自己的记性不佳，几乎没人说自己判断力差。

- 傻瓜的日子是泡在酒里，智者的生活放在思考里。

- 玻璃、陶瓷和名誉都很容易破裂，而且永远无法弥补。

- 不要出卖道德去买财富，也不要出卖自由买权力。

- 如果你损害良心，良心就会向你报复。

- 把你欠的还掉，你就知道什么是你的了。

- 失足可以很快弥补，失言却可能永远无法补救。

- 傻瓜的心在嘴里，聪明人的嘴在心里。

- 骄傲者憎恨他人骄傲。

- 缺少谦虚就是缺少见识。

- 没有任何动物比蚂蚁更勤奋，然而它却最沉默寡言。

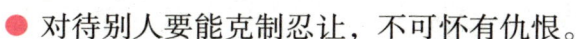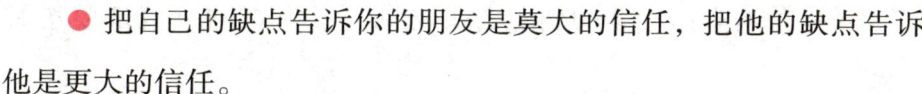

● 对待别人要能克制忍让，不可怀有仇恨。

● 把自己的缺点告诉你的朋友是莫大的信任，把他的缺点告诉他是更大的信任。

● 哪里有没有爱情的婚姻，哪里就有不结婚的爱情。

● 倘若人能够完成他所希望的一半，那么，他的麻烦也将加倍。

● 如果一个人将钱袋倒进他的脑袋里，就没有人能将它偷走。知识的投资常有最好的利润。

● 切勿坐耗时光，须知每时每刻都有无穷的利息；日计不足，岁计有余。

● 时间是一味能治百病的良药。

● 你热爱生命吗？那么别浪费时间，因为时间是组成生命的材料。

● 倾囊求知，无人能夺。投资知识，得益最多。

● 今天乃是我们唯一可以生存时间。我们不要庸人自扰——或为未来的漫无目的而苦闷，或为昨天的过去而伤怀——而使它成了我们身体上和精神上的地狱。

● 命运的变化犹如月之圆缺，对智者无妨害。

● 早熟的人凋谢得也早。

● 读书是易事，思索是难事，但两者缺一，便全无用处。

● 结婚前眼睛睁圆，结婚后眼睛要半睁。

● 朋友的眼睛，是一面明镜。

● 有条不紊：所有的物品都井然有序，所有的事情都要按时去做。

● 希望被人爱的人，首先要爱别人，同时要使自己可爱。

● 恶习知道自己委实很丑陋，所以往往戴了假面具。

● 忠诚老实：不要说有害于别人的谎话，要表里一致。

● 失足，你可能马上站立；失信，你也许永难挽回。

● 如果你知道如何支出少于收入，你就有了点金术。

● 财富不属于拥有它的人，而属于享受它的人。

● 要写出值得人读的东西，要做些值得人写的事。

● 若对小错误视而不见，那你就会犯大错。

● 什么都不想的人最幸福，因为他从不失望。

● 忽视当前一刹那的人，等于虚掷了他所有的一切。

● 懿行美德远胜于貌美。

● 真话说一半常常是弥天大谎。

● 对上级谦恭是职责，对平辈谦恭是礼貌，对下级谦恭是高尚。

● 心胸开阔，不要为令人不快的区区琐事而心烦意乱，悲观失望。

● 如果再给我一次机会，我会毫不犹豫地重新度过我的此生，一切从头开始。只要求像作家那样，在修订版本的时候可以改正初版的某些错误。

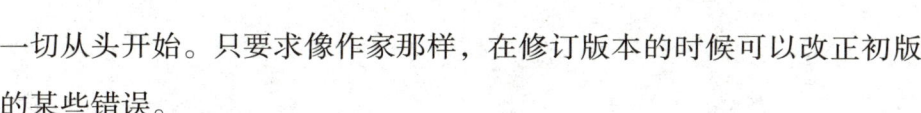

● 即使我敢相信已将它完全克服，我很可能又因自己的谦逊而感到骄傲。

● 每个民族都有足够的勇气忍受其他民族造成的痛苦，同时也有足够的勇气宽恕其他民族。

● 若要在死后尸骨腐烂时不被人忘记，要么写出值得人读的东西，要么做些值得人写的事。

● 如果一个人倾其所有以求学问，那么，他所获得的这些学问是没有人能拿走的。

图书在版编目(CIP)数据

富兰克林 / 杨永金编著. —北京:中国社会出版社,2012.9
(2022.6 重印)
(世界名人非常之路)
ISBN 978 - 7 - 5087 - 4137 - 6

Ⅰ. ①富… Ⅱ. ①杨… Ⅲ. ①富兰克林,B. (1706~1790) -
生平事迹 Ⅳ. ①K837.127 = 4

中国版本图书馆 CIP 数据核字(2012)第 201461 号

出 版 人:浦善新		策划编辑:侯 钰	
责任编辑:侯 钰		封面设计:张 莉	

出版发行:中国社会出版社　　　　　地　　址:北京市西城区二龙路甲 33 号
邮政编码:100032　　　　　　　　　编 辑 部:(010)58124867
网　　址:shcbs. mca. gov. cn　　　发 行 部:(010)58124866
经　　销:各地新华书店

印刷装订:北京华创印务有限公司　　开　　本:170mm×240mm 1/16
印　　张:13　　　　　　　　　　　字　　数:200 千字
版　　次:2012 年 9 月第 1 版　　　印　　次:2022 年 6 月第 4 次印刷
定　　价:49.80 元

中国社会出版社微信公众号

中国社会出版社天猫旗舰店